Norbert Golluch

UNNÜTZES MILITÄRWISSEN

Norbert Golluch

UNNÜTZES MILITÄR WISSEN

Geistige Munition, mit der man ins Schwarze trifft

YES

Originalausgabe
2. Auflage 2024
© 2022 by Yes Publishing – Pascale Breitenstein & Oliver Kuhn GbR
Türkenstraße 89, 80799 München
info@m-vg.de
Wir behalten uns die Nutzung unserer Inhalte für Text und Data
Mining im Sinne von § 44b UrhG ausdrücklich vor.
Alle Rechte vorbehalten.

Umschlaggestaltung: Ivan Kurylenko (hortasar covers) Redaktion:
Rainer Weber
Layout und Satz: Müjde Puzziferri, MP Medien, München
Druck: CPI books GmbH, Leck
Printed in Germany

ISBN Print 978-3-96905-053-8
ISBN E-Book (EPUB, Mobi) 978-3-96905-054-5
ISBN E-Book (PDF) 978-3-96905-055-2

INHALT

Zum Aufwärmen vor dem Manöver. 7

Die Bundeswehr 11

Zu Wasser, zu Lande und in der Luft 41

Militär international 51

Aus der Geschichte des Militärs 69

Militär und Kultur. 119

Zu den Waffen! 143

Erweitertes Wörterbuch der Soldatensprache. 163

Ist das die Zukunft?. 191

ZUM AUFWÄRMEN VOR DEM MANÖVER

»Den Feuerkampf gewinnt, wer schneller
schießt und besser trifft.«

☞ In der britischen Armee galt die Lanze bis 1927 als offizielle Kriegs- und Gefechtswaffe.

☞ Das 1924 gegründete Unternehmen von Hugo Ferdinand Boss (1885–1948), heute eine der bekanntesten Modemarken mit Sitz in Deutschland, lieferte in den 1930er-Jahren Uniformen an SA, SS, Wehrmacht und Hitlerjugend. In der Firmenleitung saßen überzeugte Nationalsozialisten. Für das Unternehmen arbeiteten im Zweiten Weltkrieg Zwangsarbeiter aus West- und Osteuropa.

☞ 1989 übereignete die Sowjetunion dem Pepsi-Konzern in einem Tauschhandel eine ansehnliche Flotte von Kriegsschiffen: 17 U-Boote, 1 Kreuzer, 1 Fregatte und 1 Zerstörer wechselten den Besitzer, weil die UdSSR für die Pepsi-Lizenz nicht mit Rubel zahlen konnte. Auch eine 10-Jahres-US-Lizenz für eine bestimmte Marke russischen Wodkas war Teil des Deals. Der Pepsi-Konzern wurde dadurch zur sechstgrößten Militärmacht.

☞ Sir Nils Olav III. ist Brigadegeneral ehrenhalber der königlichen Garde Norwegens, lebt aber im Zoo von Edinburgh in Schottland. Sir Nils Olav III. ist nämlich ein Königspinguin und der dritte seiner Art in der Aufgabe eines Maskottchens der königlichen Garde Norwegens. Er folgt auf Nils Olav I., der 1987 verstarb, und Nils Olav II., der das Ehrenamt bis 2008 bekleidete.

☞ Ex-Gouverneur und Schauspieler Arnold Schwarzenegger darf sich rühmen, der erste Zivilist gewesen zu sein, der einen Militärgeländewagen vom Typ Hummer besaß.

☞ Seine steile militärische Karriere verdankte Napoleon der Französischen Revolution. 1793 führte er die Artillerie der Revolutionstruppen siegreich in der Schlacht um Toulon gegen die Royalisten und wurde für diese Leistung zum Brigadegeneral befördert.

☞ Vor mehr als 130 Jahren hat Bolivien den eigenen Küstenstreifen und damit den Zugang zum Pazifik im sogenannten Salpeterkrieg an Chile verloren. Dennoch besitzt das Land weiterhin eine 1800 Mann starke Marine – Seestreitkräfte ohne Meer. Manöver werden auf Binnengewässern abgehalten, zum Beispiel auf dem Titicacasee.

☞ Die k. u. k. Kriegsmarine – die kaiserliche und königliche Kriegsmarine der Österreichisch-Ungarischen Monarchie –, eine Streitmacht mit der zu ihrer Zeit sechstgrößten Flotte der Welt, besaß unter anderem auch 27 Unterseeboote, deren Namen stets mit den Buchstaben S. M. – für »Seine Majestät« – begannen und mit U1 bis U47 fortgeführt wurden. 1919 wurden die letzten k. u. k U-Boote außer Dienst gestellt.

☞ Seelöwen und Delfine stehen seit den 1960er-Jahren im Dienst der U.S. Navy. Im sogenannten »Navy Marine Mammal Program« wurden sie für militärische Einsätze trainiert, zum Beispiel für die Minensuche.

☞ Wenig mehr als 50 Mann gehörten zu Beginn des Ersten Weltkrieges zur US-Luftwaffe. Im August 2014 umfasste die 1st Aero Squadron 12 Offiziere und 54 Unteroffiziere. Die Soldaten verfügten über 6 Flugzeuge.

☞ Die US-Luftwaffe plante, 1958 eine Atombombe auf dem Mond zu zünden.

☞ Steinadler sollen nach dem Willen der französischen Luftwaffe feindliche Kampfdrohnen angreifen und außer Gefecht setzen. Entsprechend werden die Tiere trainiert.

☞ Die Nachfahren der als kriegerisch bekannten Wikinger sind ausgesprochen friedliebend: Der Inselstaat Island besitzt keine eigenen Streitkräfte. Seit 1951 waren die USA mit der Verteidigung des Landes betraut, seit 2007 ist dies die Aufgabe von Norwegen. Island ist zudem als Gründungsmitglied der NATO besonders gesichert. Im Angriffsfall stehen die NATO-Partner für das kleine Land ein. Island würde sich im Bündnisfall, also auch bei Angriffen auf andere NATO-Partner, mit medizinischer Hilfe an den Einsätzen beteiligen.

☞ In vorbildlicher Weise entsorgte die Bundeswehr in Afghanistan ihren Müll. Mülltrennung war eine Selbstverständlichkeit. Wenn der Müll dann allerdings von den afghanischen Behörden abgeholt wurde, kippten sie ihn wieder zusammen ...

☞ Das Symphonieorchester von Monaco soll mehr Musiker haben als die Armee Soldaten. Dann wäre es vermutlich das größte Symphonieorchester der Welt, denn die Armee von Monaco hat 255 Mitglieder (Stand 2020), ist damit zwar die drittkleinste der Welt, aber selbst ein großes Symphonieorchester hat nur etwa 150 Musiker.

☞ Russische Kinder können das Reichstagsgebäude stürmen – im Vergnügungspark »Patriot« hat die russische Armee das Berliner Reichstagsgebäude zu diesem Zweck nachgebaut.

☞ Die kugelsichere Weste aus Kevlar wurde 1964 von Stephanie Kwolek erfunden. Sie arbeitete für den Chemiekonzern DuPont und wurde nicht am wirtschaftlichen Erfolg ihrer Erfindung beteiligt. Kevlar wird auch für zahlreiche andere Produkte genutzt.

☞ In Kanada tragen Tausende Seen die Namen von Soldaten, die im Zweiten Weltkrieg gefallen sind.

DIE BUNDESWEHR

1945: Das besetzte Deutschland ist entmilitarisiert. Noch während des Krieges beschließen die Besatzungsmächte das Ende der deutschen Armee. Deutschland, das zwei Weltkriege begonnen hat, soll politisch entmachtet werden und auch seinen militärischen Einfluss vollständig verlieren. Doch es kommt anders …

DIE GESCHICHTE DER BUNDESWEHR

📖 **1949: Die Diskussion um die Wiederbewaffnung beginnt** – Mit der Gründung der Bundesrepublik Deutschland am 23. Mai 1949 stellen Abgeordnete des Deutschen Bundestages die Frage nach einer neuen militärischen Präsenz. Der erste Bundeskanzler, Konrad Adenauer (CDU), strebt eine Aufnahme Deutschlands ins westliche Bündnissystem und ein militärisches Engagement Deutschlands im Nordatlantikpakt (NATO) an.

📖 **1955: Die Bundeswehr wird gegründet** – Mit der Ernennung der ersten 101 Freiwilligen am 12. November 1955 stellt die Bundesrepublik Deutschland ihre neue Armee auf. Etwas mehr als zehn Jahre sind seit dem Ende des Zweiten Weltkrieges vergangen. Der Bundestag beschließt, sie in Anlehnung an die alte Bezeichnung »Reichswehr« nun »Bundeswehr« zu nennen. Die bisherige Bezeichnung der Armee Deutschlands, »Wehrmacht«, wird wegen der Nähe zum NS-Regime verworfen.

📖 **1956: Die allgemeine Wehrpflicht wird eingeführt** – Nachdem 1956 die allgemeine Wehrpflicht vom Bundestag beschlossen wurde, rücken am 1. April 1957 die ersten 10 000 Wehrdienstleistenden in die Kasernen ein. Die Wehrpflicht wird eingeführt, weil die angestrebte Truppenstärke von einer halben Million aktiver Soldaten mit einer Armee von Freiwilligen nicht zu erreichen ist.

📖 **1960: Der erste Auslandseinsatz** – Ein humanitärer Einsatz bringt die Bundeswehr zum ersten Mal ins Ausland: Bei einem schweren Erdbeben im marokkanischen Agadir sterben am 29. Februar 1960 mehr als 15 000 Menschen, Zehntausende werden obdachlos. Die Bundeswehr schickt 31 Transportmaschinen mit einem mobilen Lazarett sowie Medikamenten, Zelten und Sanitätssoldaten der drei Waffengattungen Heer, Marine und Luftwaffe.

📖 **1975: Die ersten Frauen gehen zur Bundeswehr** – Am 1. Oktober 1975 treten die ersten weiblichen Soldaten ihren Dienst an. Es handelt sich um Sanitätsoffiziere. Auch im Militärmusikdienst können seither Frauen zum Einsatz kommen. Der Zugang zur gewöhnlichen Soldatenlaufbahn bleibt jedoch weiterhin für Frauen versperrt. Erst ein Urteil des Europäischen Gerichtshofes im Jahr 2000 stellt Männer und Frauen in der Bundeswehr gleich.

📖 **1990: Die NVA (Nationale Volksarmee) der DDR wird aufgelöst** – Durch die Wiedervereinigung der beiden deutschen Staaten müssen 90 000 uniformierte und 47 000 zivile Angehörige der NVA in die Bundeswehr integriert werden. Ausrüstung, Waffen und militärische Liegenschaften gehen in den Besitz der Bundeswehr über.

📖 **1999: Die Bundeswehr im Einsatz im Kosovo** – Obwohl Auslandseinsätze aus völkerrechtlicher Sicht noch immer strittig sind, schickt die rot-grüne Regierung unter Bundeskanzler Gerhard Schröder die Luftwaffe im Rahmen der NATO-Operation in den Einsatz gegen Jugoslawien. Die im Kosovo lebende albanische Minderheit soll vor Übergriffen durch serbische Sicherheitskräfte geschützt werden.

📖 **2010: Die Wehrpflicht wird abgeschafft** – 2010 wird die Bundeswehr reformiert, die Wehrpflicht wird zum 1. Juli 2011 abgeschafft und die Bundeswehr in eine Freiwilligenarmee umgewandelt. Die Truppenstärke wird von 220 000 bis zum Dezember 2013 auf 185 000 Soldaten verringert.

DIE VERTEIDIGUNGSMINISTER DER BUNDESREPUBLIK DEUTSCHLAND

In Friedenszeiten hat in Deutschland laut Art. 65a Grundgesetz (GG) der Bundesverteidigungsminister die Befehls- und Kommandogewalt über die Bundeswehr inne. Er wird dabei vom Generalinspekteur der Bundeswehr beraten.

☞ **Theodor Blank,** * 19. September 1905 in Elz, † 14. Mai 1972 in Bonn, CDU, Amtszeit 7. Juni 1955 bis 16. Oktober 1956, erster Bundesminister für Verteidigung in der Regierung von Bundeskanzler Konrad Adenauer

☞ **Franz Josef Strauß,** * 6. September 1915 in München, † 3. Oktober 1988 in Regensburg, CSU, Amtszeit 16. Oktober 1956 bis 9. Januar 1963, ab 30. Dezember 1961 Bundesminister der Verteidigung in der Regierung von Bundeskanzler Konrad Adenauer

☞ **Kai-Uwe von Hassel,** * 21. April 1913 in Gare, Deutsch-Ostafrika, † 8. Mai 1997 in Aachen, CDU, Amtszeit 9. Januar 1963 bis 1. Dezember 1966, in der Regierung von Bundeskanzler Konrad Adenauer bis 16. Oktober 1963, danach mit Bundeskanzler Ludwig Erhard

☞ **Gerhard Schröder,** * 11. September 1910 in Saarbrücken, † 31. Dezember 1989 in Kampen auf Sylt, CDU, Amtszeit 1. Dezember 1966 bis 21. Oktober 1969 in der Regierung von Bundeskanzler Kurt Georg Kiesinger; unterlag 1969 als Kandidat der CDU für das Amt des Bundespräsidenten dem SPD-Kandidaten Gustav Heinemann mit dem bisher knappsten Ergebnis in einer Bundesversammlung

☞ **Helmut Schmidt,** * 23. Dezember 1918 in Hamburg-Barmbek, † 10. November 2015 in Hamburg-Langenhorn, SPD, Amtszeit 22. Oktober 1969 bis 7. Juli 1972 in der Regierung von Bundeskanzler Willy Brandt; wurde später fünfter Bundeskanzler der Bundesrepublik Deutschland

☞ **Georg Leber,** * 7. Oktober 1920 in Obertiefenbach in Hessen, † 21. August 2012 in Schönau am Königssee, SPD, Amtszeit 7. Juli 1972 bis 16. Februar 1978, in der Regierung von Bundeskanzler Willy Brandt bis zum 7. Mai 1974, danach mit Bundeskanzler Helmut Schmidt (ab 16. Mai 1974)

☞ **Hans Apel,** * 25. Februar 1932 in Hamburg, † 6. September 2011 ebenda, SPD, Amtszeit 17. Februar 1978 bis 1. Oktober 1982 in der Regierung von Bundeskanzler Helmut Schmidt

☞ **Manfred Wörner,** * 24. September 1934 in Stuttgart, † 13. August 1994 in Brüssel, CDU, Amtszeit 4. Oktober 1982 bis 18. Mai 1988 in der Regierung von Bundeskanzler Helmut Kohl; erster und einziger deutscher NATO-Generalsekretär und Vorsitzender des Nordatlantikrats (1988–1994)

☞ **Rupert Scholz,** * 23. Mai 1937 in Berlin, CDU, Amtszeit 18. Mai 1988 bis 21. April 1989 in der Regierung von Bundeskanzler Helmut Kohl; blieb bei der Kabinettsumbildung 1989 unberücksichtigt und schied daher aus dem Amt aus

☞ **Gerhard Stoltenberg,** * 29. September 1928 in Kiel, † 23. November 2001 in Bonn/Bad Godesberg, CDU, Amtszeit 21. April 1989 bis 31. März 1992 in der Regierung von Bundeskanzler Helmut Kohl

☞ **Volker Rühe,** * 25. September 1942 in Hamburg, CDU, Amtszeit 1. April 1992 bis 26. Oktober 1998 in der Regierung von Bundeskanzler Helmut Kohl

☞ **Rudolf Scharping,** * 2. Dezember 1947 in Niederelbert, SPD, Amtszeit 27. Oktober 1998 bis 19. Juli 2002 in der Regierung von Bundeskanzler Gerhard Schröder; Scharping war Kanzlerkandidat der SPD bei der Bundestagswahl 1994

☞ **Peter Struck,** * 24. Januar 1943 in Göttingen, † 19. Dezember 2012 in Berlin, SPD, Amtszeit 19. Juli 2002 bis 22. November 2005 in der Regierung von Bundeskanzler Gerhard Schröder

☞ **Franz Josef Jung,** * 5. März 1949 in Erbach (Rheingau), CDU, Amtszeit 22. November 2005 bis 28. Oktober 2009 in der Regierung von Bundeskanzlerin Angela Merkel

☞ **Karl-Theodor zu Guttenberg,** * 5. Dezember 1971 in München, CSU, Amtszeit 28. Oktober 2009 bis 3. März 2011 in der Regierung von Bundeskanzlerin Angela Merkel; verlor seinen Doktorgrad im Februar 2011 aufgrund einer Plagiatsaffäre und legte daraufhin alle politischen Ämter nieder

☞ **Thomas de Maizière,** * 21. Januar 1954 in Bonn, CDU, Amtszeit 3. März 2011 bis 17. Dezember 2013 in der Regierung von Bundeskanzlerin Angela Merkel

☞ **Ursula von der Leyen,** * 8. Oktober 1958 in Ixelles/Elsene, Belgien, CDU, Amtszeit 17. Dezember 2013 bis 17. Juli 2019 in der Regierung von Bundeskanzlerin Angela Merkel; erste Verteidigungsministerin, seit 1. Dezember 2019 Präsidentin der Europäischen Kommission

☞ **Annegret Kramp-Karrenbauer,** * 9. August 1962 in Völklingen, CDU, im Amt vom 17. Juli 2019 bis zum Ende der Regierungszeit von Bundeskanzlerin Angela Merkel im Dezember 2021

☞ **Christine Lambrecht**, * 19. Juni 1965 in Mannheim, SPD, im Amt seit dem 8. Dezember 2021; von Juni 2019 bis Dezember 2021 war sie Bundesministerin der Justiz und für Verbraucherschutz und von Mai bis Dezember 2021 auch Bundesministerin für Familie, Senioren, Frauen und Jugend im Kabinett von Angela Merkel.

MILITÄRISCHE KOMMANDOS DER BUNDESWEHR

Militärische Disziplin findet auch in der Sprache ihren Niederschlag – schließlich kann im Einsatz nicht jeder einfach so da-
herreden, wie es ihm oder ihr gerade gefällt. Die Gefahr von
Verständigungsschwierigkeiten und Missverständnissen wäre zu
groß. Nicht zuletzt deshalb verwendet das Militär eine spezielle,
normierte Sprache.

- ABC-Alarm!
- Abteilung halt!
- Das Gewehr über! Das Gewehr ab!
- Die Augen geradeaus!
- Die Augen links! Die Augen rechts!
- Fertigmachen zum Sprung!
- Feuer frei!
- Helm ab!
- Im Gleichschritt marsch!
- In Linie antreten!
- In Marschordnung antreten!
- Kraftfahrer, Motor an!
- Ohne Tritt marsch!
- Präsentiert das Gewehr!
- Rechts um! Links um!
- Richt euch!
- Rührt euch!
- Stellung!

- Stillgestanden!
- Wegtreten!
- Zur Parade antreten!

DIE HIERARCHIE DER DIENSTGRADE DER BUNDESWEHR

Die Dienstgrade der Bundeswehr sind geregelt durch die Zentrale Dienstvorschrift A-1420/24, »Dienstgrade und Dienstgradgruppen«. Sie sind gegliedert in sieben Dienstgradgruppen, hier beginnend mit den höchsten:

- ☞ Generale
- ☞ Stabsoffiziere
- ☞ Hauptleute
- ☞ Leutnante
- ☞ Unteroffiziere mit Portepee
- ☞ Unteroffiziere ohne Portepee
- ☞ Mannschaften

Die genaue Dienstgradbezeichnung richtet sich nach Teilstreitkraft, Truppengattung und Aufgabengebiet. So wird ein General in der Marine Admiral genannt. Der höchste Mediziner wäre ein Generaloberstabsarzt – allerdings wurde dieser Titel in der Geschichte der Bundeswehr erst zweimal verliehen. Der Kompaniefeldwebel oder Stabsfeldwebel, auch Spieß genannt, ist der Vorgesetzte aller Unteroffiziere einer Kompanie.

Unter einem Portepee verstand man ursprünglich ein Band oder einen Riemen, der um Griff und Bügel einer Hiebwaffe und um das Handgelenk des Kämpfers geschlungen wurde. Diese Schlaufe sollte das Herabfallen der Waffe verhindern. Heute dient es als Standesabzeichen für Offiziere und Feldwebel.

Seit mehr als 20 Jahren dienen Frauen in der Bundeswehr, jedoch gibt es (Stand 2022) noch keine weiblichen Dienstgradbezeichnungen. Die Generalin, die Feldwebelin, eine Bootsfrau oder eine Oberstleutnantin existieren zwar auf dem Papier, nicht aber in der militärischen Realität. Das Gendern der Dienstgrade wird auch unter den Soldatinnen kontrovers diskutiert.

DER (LEICHT) SUBVERSIVE SOLDAT

Man muss ja nicht unbedingt alle Befehle und Vorschriften bis auf das letzte i-Pünktchen befolgen; mit etwas Kreativität können sich die Soldaten den militärischen Alltag zumindest ein wenig erleichtern.

- 08/15 – »Nullachtfünfzehn« steht für etwas ganz Gewöhnliches oder nichts Besonderes, etwas, was dem Durchschnitt oder dem Mittelmaß entspricht und langweilt. Die Bezeichnung 08/15 stammt tatsächlich vom Militär und soll während des langweiligen und eintönigen Trainings mit dem Maschinengewehr LMG 08/15 (1915, Erster Weltkrieg) entstanden sein. Als der Schriftsteller Hans Helmut Kirst (1914–1989) seine Weltkriegs-Romantrilogie *08/15* Mitte der 1950er-Jahre herausbrachte, ging der Begriff 08/15 als Bezeichnung für dumme Regelbefolgung oder für etwas Alltägliches in die Alltagssprache über. Bei der Bundeswehr wird 08/15 als abwertende Bezeichnung für Vorgesetzte verwendet. Die Abkürzung wird anders gedeutet und spielt auf die Kompetenz, die Arbeitszeit und die hohe Besoldung der oberen Dienstgrade an – null Ahnung, acht Stunden Dienst und Besoldung A15. Auch als wertende Stellungnahme zu Dienstabläufen und der Qualität der Ausrüstung ist 08/15 immer noch im Sprachgebrauch.

♣ **Ablachsen** – Zeit verschwenden, (meist während der Dienstzeit) nutzlos herumsitzen. Der Spruch »Lachs auf den Tisch!« kündigt diese bedeutende Tätigkeit an.

♣ **Abseilen** – Sich vor etwas drücken; das Vermeiden einer unliebsamen Tätigkeit durch Verschwinden; das Wort verpissen wird synonym gebraucht. Der Abseiler oder Verpisser ist derjenige, der diese Tätigkeit ausübt.

♣ **Augen-TD** – Wer während des Dienstes seine Augenlider auf Risse prüft, also unerlaubterweise schläft, bezeichnet das ebenso verschleiernd wie humorvoll als Augen-TD, abgeleitet von der Bezeichnung TD – technischer Dienst für Fahrzeuge und Geräte.

♣ **Bilder stellen** – Es kann durchaus von Vorteil sein, beim Bund eine ruhige Kugel zu schieben, weil nichts zu tun ist. Was aber, wenn eine Führungsperson eintrifft? Es werden Bilder gestellt, um das fleißige Arbeiten an einer Aufgabe vorzutäuschen.

- **Feuer frei** – In der Regel nicht das Angriffssignal, sondern der Hinweis auf eine anstehende allgemeine Zigarettenpause. Dasselbe bedeutet der inoffiziell gemeinte Befehl »Stellung!« – Raucherpause. Die offizielle Version würde bedeuten, dass die Soldaten sich im Gelände eingraben sollen.

- Ganz so locker, wie es sich hier liest, gehen vielen Soldaten ihre kleinen Fluchten nicht von der Hand. So manchen von ihnen geht die Düse – sie haben Angst, gegen Befehle oder Vorschriften zu verstoßen und dafür evtl. ein Diszi (ein Disziplinarverfahren) zu kassieren. Wer Angst hat, ist ein Düsengänger. Verständlich, denn irgendwo droht immer EDEKA – das Ende der Karriere bei der Bundeswehr.

- **Latte** – Ausdruck höchstmöglicher Ignoranz und Unerschütterlichkeit gegenüber Sonderdiensten, Zusatzdienstplänen, Urlaubssperren. Beispiel: »Wir haben nächste Woche Urlaubssperre.« »Du, ist mir Latte!«

SCHIKANE UND DRILL

Nicht nur die Soldaten stellen sich gelegentlich quer – auch mancher Vorgesetzte geht schon mal seltsame Wege und gibt ihnen sprachlich Ausdruck.

- **Abfisten** – Aus der englischen Pornosprache abgeleitet, in der die Faust *fist* heißt und für die sexuelle Spielart *fisting* verwendet wird, die Einführung der geballten Faust in Vagina/Anus. Der Vorgesetzte drückt ebenso drastisch wie politisch unkorrekt aus, dass er einen oder mehrere Untergebene bis an die Grenze des Erträglichen drillen wird.

- 💀 **Adolf-Eichmann-Gedächtnisrunde** – Mittlerweile verbotene Bezeichnung, die sicher mit dafür verantwortlich war, dass der Bundeswehr rechtsradikale Tendenzen unterstellt wurden. Der Kommandierende drückte zynisch und menschenverachtend aus, dass er seine Untergebenen auf unmenschliche Weise quälen wollte, indem er sie im Laufschritt mit der ABC-Schutzausrüstung durchs Gelände hetzte. Weniger diese Übung – die wohl zur Ausbildung der Soldaten gehören muss – als die Tatsache, dass der Kriegsverbrecher Adolf Eichmann und die Ermordung von Juden in Gaskammern zum Vergleich herangezogen wurden, war für jeden denkenden Menschen unerträglich.

- 💀 **Arschwasser** – Der Angstschweiß am Hintern, den der Vorgesetzte auch schon mal zum Kochen bringen will (zumindest sprachlich). Zu den früheren Kraftausdrücken im Bereich des militärischen Unterkörpers gehört die Herstellung einer festen Verbindung – Sackschweiß und Pulverdampf.

- 💀 **Einnorden** – Steht eigentlich für das Ausrichten einer Marschkarte im Gelände, bezeichnet aber im Kasernenalltag das Umwerfen eines Spindes durch Vorgesetzte (oder Kameraden) zur Ordnungserziehung und Motivation für das vorschriftsmäßige Einräumen. Schütze Dosenkohl (Sie werden ihn später genauer kennenlernen) findet das FA (Foxtrott Alpha im NATO-Alphabet) = für den Arsch.

- 💀 **Ficken** – Anders als in der allgemeinen Umgangssprache in der Soldatensprache auch im Sinne von schikanieren oder schinden gebraucht. Bei eindeutiger Sinnlosigkeit wird eine Aktion auch als dummficken bezeichnet.

💀 **Goldschürfen** – Recht unangenehme, aber wirksame Disziplinierungsmaßnahme, bei der Urinstein mit Rasierklingen entfernt wird.

💀 **Hackengas** – Aufforderung des Vorgesetzten zur Beschleunigung der Gangart: Gebt Hackengas!

💀 **Geburtstag** – Wurde in der Grundausbildung von Ausbildern stets dann mit Anspielung auf onanistische Tätigkeit unterstellt, wenn man eine oder schlimmstenfalls beide Hände in den Taschen der Kampfanzughose hatte. Beispiel: »Herr Panzerschütze, haben Sie Geburtstag oder weshalb spielen Sie gerade an Ihrer Kerze?«

💀 **Fragen, keine, weg!** – Liebevolle Kurzverabschiedung während dienstlicher Abläufe, nicht aber zu Dienstschluss, insbesondere nach Auftragserteilung. Kurzfassung von: »Noch Fragen? Stelle fest: keine. Wegtreten!«

IM EINSATZ

In der alltäglichen Praxis auf dem Kasernenhof, auf dem Schießplatz und im Gelände sammeln Soldaten weitere Erfahrung, die sie sprachlich an ihre Kameraden und Nachfolger weitergeben können.

💬 **Karl-May-Festspiele** – Scherzhafte Bezeichnung für eine feldmäßig angetretene Gruppe (Tarnschminke, Pflanzen am Helm usw.) zu Beginn einer Übung. Jeder muss teilnehmen, es sei denn, er hat den gelben Urlaubsschein – ein ärztliches Dienstunfähigkeitsattest.

- Eine gesteigerte Form war der (mittlerweile verbotene) **Kleiderfasching** (auch Maskenball genannt), eine spezielle Art zusätzlicher Schikane, bei der der Soldat innerhalb kürzester Zeit verschiedene befohlene Bekleidungen anziehen musste, zum Beispiel den Sportanzug, den Kampfanzug und den Dienstanzug. All diese Verkleidungen hatte er sich bereits als junger Rekrut im »Kostümverleih« besorgt – in der Kleiderkammer, auch Twenshop genannt.

- **Lüstling** wird eine besondere Form des militärischen Lehrgangs (oder der dienstlichen Maßnahme) genannt, die keinen oder nur geringen bzw. vorgeschobenen dienstlichen Mehrwert, jedoch hohen Freizeitwert besitzt. Lüstlinge finden beispielsweise an einem landschaftlich schönen Ort statt und es sind nur wenige Ausbildungsstunden zu absolvieren. Außerdem wird die Teilnahme nicht bewertet, die Veranstaltung hat reinen Weiterbildungscharakter.

- **Buschgeld** – Immerhin gibt es eine Sonderzulage zum Wehrsold für geleisteten Dienst während Übungen.

- **Fahrkarte** – Synonym für das Verfehlen des Ziels einer Schießübung, da dieses in der Schießkladde (dem offiziellen Schießbericht) mit der Abkürzung »F« (Fehlschuss) protokolliert wird. Rührt von der Ähnlichkeit des früher zur Anzeige des Verfehlens des Ziels gebrauchten weiß-rot-weiß gestreiften Signalschilds mit der alten Militärfahrkarte der Reichsbahn her, die auf weißem Grund einen dicken roten Streifen hatte.

 **Blei in die Heide!** – Ausruf bei der Eröffnung des Feuers auf ein Ziel, das allerdings nur selten getroffen wird; die meisten Kugeln landen im Gelände.

 **Breit fahren, schmal denken** – Redewendung, die den Panzerbesatzungen geringe Intelligenz unterstellt; kommt zum Einsatz, wenn in der Übung die unterschiedlichen Waffengattungen aufeinandertreffen; wird aber oft auch von den Panzerbesatzungen selbstironisch verwendet.

AUS DEM MILITÄRISCHEN VERWALTUNGSLEBEN

Wer soll das schon durchblicken, all die Mannschaften, Offiziere und Vorgesetzten? Der durchschnittliche Soldat spricht einfach von einem **Dienstgrad** – in Abgrenzung zu den Mannschaftsdienstgraden –, wenn er Unteroffiziere oder höhere Vorgesetzte benennen will, zum Beispiel, um einen Kameraden zu warnen: »Wenn das ein Dienstgrad sieht!«

Das Verständnis wird im alltäglichen Umgang durch ein typisches bürokratisches Leiden behindert: durch den **BwAbKüzFi** – das militärische Gegenstück zum zivilen **AKüWa** = Abkürzungswahn –, die Kurzform von »Bundeswehrabkürzungsfimmel«, bezogen auf die übertrieben abgekürzte, bürokratische Bundeswehrsprache im Schriftverkehr. Wie soll sich der **Schütze Dosenkohl** das nur alles merken? Schütze Dosenkohl ist eine Art virtueller Pappkamerad, auch als Panzerschütze Dosenkohl oder Panzergrenadier Dosenkohl bekannt. Grundausbilder bedienen sich seiner in der Aufgabenstellung: Schütze Dosenkohl wird in eine Lage gestellt und macht dann haarsträubende Fehler, welche die frisch eingezogenen Rekruten in der Grundausbildung erkennen müssen. Später ist er auch als Hauptgefreiter Dosenkohl der weiteren Ausbildung dienlich. Das **Dosenkohl-Team** entspricht den zivilen Avataren Otto Normalverbraucher oder Max Mustermann.

FORTBEWEGUNG, MILITÄRISCH

Marsch, marsch! Diese beliebte Anweisung von Vorgesetzten soll Bewegung in die Untergebenen bringen. Mögliche Definitionen soldatischer Geschwindigkeit:

- Flug in Briefkastenhöhe über das Feld!
- Die Füße berühren den Boden nur zum Richtungswechsel!
- Der Soldat ist über Funk nicht mehr zu erreichen!
- Der Soldat ist am Horizont an seinen glühenden Absätzen zu erkennen.
- Das Klappern der Feldflasche geht in einen einheitlichen Pfeifton über.

Der Befehl »**Ohne Twix – Mars!**« ist eine lustige Abwandlung des Originals »Ohne Tritt – Marsch!« – auf den Gleichschritt wird verzichtet. In seiner Freizeit und manchmal auch beim Manöver ist der Soldat oft mit dem **Fußbus** unterwegs – auf seinen eigenen, hoffentlich gesunden Beinen. Erkenntnis dazu: »Der Fußbus fährt immer.«

VERTRAUEN IST GUT, KONTROLLE IST ALLES

Disziplin und Ordnung stellen wichtige Werte im soldatischen Leben dar. In der Familie stellen die Eltern die Ordnungserziehung sicher. Wer übernimmt diese schwierige Aufgabe in der Kaserne?

☞ **Die Mutter der Kompanie,** der Kompaniefeldwebel (KpFw), im Alltag auch gefühlvoll und umgangssprachlich **Spieß** genannt, und seine Helfer. Sie tun im Innendienst alles, was getan werden muss, sorgen zum Beispiel durch den **Stubenfick,** eine unangekündigte Kontrolle der Stubeneinrichtung, für Disziplin und Sauberkeit. Schon eine einzige **NATO-Ratte** (eine große Staubfluse) reicht für einen Anschiss. Soldaten, die vergessen, ihren Spind abzuschließen, finden dessen Inhalt womöglich als **Spindmännchen** wieder, eine kunstvoll aufgebaute Puppe aus Schlafsack und Uniform und was sonst noch zur Verfügung steht, dekoriert mit allen privaten Dingen und Ausrüstungsgegenständen.

☞ Ähnliche erzieherische Maßnahmen drohen auch, wenn sich der **UvD** (Unteroffizier vom Dienst) bei der Morgenkontrolle schon beim Öffnen der Tür an einen **Pumakäfig** oder einen **Männerpuff** (viel Aftershave!) erinnert fühlt. In liebevoller Detailarbeit stellen Vorgesetzte beim **Spindfick** sicher, dass sich die persönlichen Gegenstände des Soldaten in geplanter Weise im Spind eingeordnet haben, zum Beispiel das Foto der persönlichen Bikinischönheit an der richtigen Stelle hängt.

SOLDATEN UND DIE SEXUALITÄT

Wie alle lebenden Wesen sind Soldaten ein Teil der Natur und ihren Gesetzen unterworfen. So funktioniert ihr Körper wie der jedes anderen Menschen, und auch ihre Hormone beeinflussen ihr Verhalten, meist sogar heftiger als beim Durchschnittsmenschen. Die Natur will, dass Soldaten sich vermehren, und macht sie deshalb zu sexuellen Wesen, und das auch schon am frühen Morgen …

- **Morgenlatte** – »Härter als der Zahn der Ratte ist beim Bund die Morgenlatte!«
- **Mütze, Glatze** – Anschauliche Darstellung von Masturbation
- **Vorhaut** – Das Einzige, was ein Soldat zurückziehen darf (»Zurückziehen können Sie Ihre Vorhaut!«).
- Bei der Lösung sexueller Krisen wird die **Kasernenmatratze** oder **NATO-Matratze** um Hilfe gebeten, eine Frau im Umfeld der Kaserne, die bereits mit mehreren Soldaten Sex hatte.

DIE TAUGLICHKEITSGRADE

Der Tauglichkeitsgrad beschreibt das Ergebnis der Begutachtung durch einen Musterungsarzt der Bundeswehr. Gemäß Wehrpflichtgesetz werden drei Tauglichkeitsgrade unterschieden:

☞ wehrdienstfähig,

☞ vorübergehend nicht wehrdienstfähig,

☞ nicht wehrdienstfähig.

Wenn jemand wehrdienstfähig ist, bedeutet das nicht, dass er universell eingesetzt werden kann. Die Entscheidung über die genauen Einsatzmöglichkeiten, also die einzelnen Tauglichkeits- und Verwendungsgrade (T1 bis T7 und X) ermittelt die eingehende musterungsärztliche Untersuchung unter Beachtung umfangreicher und differenzierter Tauglichkeitsrichtlinien. Wer mit T1 in die höchste Kategorie für die Armee gecastet wird, gewinnt keinen Schönheitswettbewerb, sondern ist körperlich und geistig ohne Beanstandungen – nur 3 bis 4 Prozent eines Jahrgangs erreichen diese Einstufung. Wer kleiner als 1,78 Meter ist, Plattfüße oder eine Wirbelsäulenverkrümmung hat, eine Brille oder eine feste Zahnspange trägt, kann den Tauglichkeitsgrad T1 nicht erreichen.

Erscheinungen am Rande, als die Bundeswehr noch keine Freiwilligenarmee war: Wehrunwillige junge Männer freuten sich, wenn der Arzt bei der Musterung bisher unentdeckte Mängel ans Tageslicht brachte (»Ich muss nicht zum Bund, ich hab Scheuermann!«), die zu ihrer Ausmusterung führten, oder sorgten mit den richtigen Antworten an der richtigen Stelle selbst für dieses Musterungsergebnis (»Lesen Sie mal die Zahlen an der Wand!« – »Welche Wand?«).

Etwa 50 000 junge Männer entzogen sich der Wehrpflicht und auch der Musterung, indem sie ihren Wohnsitz nach Berlin verlegten. Für die geteilte Stadt galt ein Sonderstatus, bis 1990 war die Wehrpflicht ausgesetzt.

DIE AUSLANDSEINSÄTZE DER BUNDESWEHR

Etwa 2500 Bundeswehrsoldaten und -soldatinnen waren Stand Juli 2021 in elf Einsätzen auf drei Kontinenten aktiv. Sie leisten damit einen wertvollen Beitrag zu Sicherheit und Stabilität weltweit.

Die Bandbreite der Aufgaben ist vielfältig:
- Deutsche Soldatinnen und Soldaten bilden Soldaten der Armee von Mali, des Libanon und des Irak aus. Sie bekämpfen die Piraterie auf den Weltmeeren, indem sie bestimmte Seegebiete überwachen. Damit schützen sie zugleich die Transporte des Welternährungsprogramms der Vereinten Nationen.
- In Litauen sichern deutsche Truppen und ihre Bündnispartner die Ostflanke der NATO.
- Seit 1999 gewährleisten Bundeswehrsoldaten im Kosovo durch ihre Anwesenheit die öffentliche Ordnung.
- In Jordanien, Syrien und im Irak kämpft die Bundeswehr im Rahmen der Koalition internationaler Kräfte gegen die Terrororganisation IS (»Islamischer Staat«).

- Im Mittelmeer ist die Bundeswehr im Rahmen des NATO-Einsatzes »Sea Guardian« an der Sicherung der Südflanke des Bündnisses beteiligt.

- Als Teil der EUTM, European Union Training Mission, trainieren Bundeswehrsoldaten die Sicherheitskräfte von Mali. Außerdem läuft die MINUSMA, die United Nations Multidimensional Integrated Stabilization Mission, in dem westafrikanischen Staat.

- Bei der Mission UNIFIL, United Nations Interim Force, setzen sich auch deutsche Soldaten im Auftrag der Vereinten Nationen seit 1978 für den Frieden zwischen Libanon und Israel ein.

- Als Teil der Operation Atalanta der Europäischen Union beteiligt sich die Bundeswehr seit 2008 am Schutz von Schiffen und Flugzeugen und sichert die Handelsrouten. Sie hilft, Piraterie am Horn von Afrika zu verhindern.

- Im Südsudan agieren seit 2005 Bundeswehrsoldaten für die Vereinten Nationen für die Sicherung des Friedens in der Region bei der Mission UNMISS.

- Seit 2020 sind bis zu 300 Bundeswehrsoldaten für die Mission EUNAVFOR (European Union Naval Forces Med »Irini«, »die Friedfertige«) bei der Durchsetzung des Waffenembargos gegen Libyen aktiv.

- Die Überwachung des Waffenstillstands zwischen Marokko und der Frente Polisario, einer militärischen und politischen Organisation in der Westsahara, ist die Hauptaufgabe der Mission MINURSO (The United Nations Mission for the Referendum in Western Sahara) der Vereinten Nationen. Vertrauensbildende Maßnahmen sollen unterstützt werden.

 In der Serie *Ich bin iM EINsatz* auf der Website der Bundeswehr stellen Soldatinnen und Soldaten ihre Aufgaben im Auslandseinsatz vor.

DIE SPEZIALISTEN DER BUNDESWEHR

- Pioniere
- Fallschirmspringer
- Kampftaucher
- Minensucher
- Einzelkämpfer und das Kommando Spezialkräfte

DIE BESTEN DIENSTVORSCHRIFTEN

Bürokratische Sprache hat schon immer einen besonderen Reiz auf den gewöhnlichen Menschen und seine alltägliche Wahrnehmung ausgeübt – fasziniert beobachtet Max Mustermann die Auswüchse des beamteten Gehirns. Ganz weit vorn in der Hitparade der Begeisterung: die eine oder andere absurde Dienstvorschrift beim Militär. Anfangs – irgendwann in grauer Vorzeit – hat man vielleicht zufällig eine haarsträubende Formulierung in der Zentralen Dienstvorschrift, kurz ZDv genannt, gefunden, wie etwa diese: »Ab einer Wassertiefe von 1,20 Metern nimmt der Soldat selbstständig Schwimmbewegungen auf. Die Grußpflicht entfällt hierbei.« Und sich darüber kringelig gelacht. Das war Motivation genug, nach weiteren Stilblüten zu suchen, die sich dann auch fanden, allerdings nur vereinzelt, nicht so häufig wie erhofft. Nein, allzu viel hatte der Soldat nicht zu lachen – aber unsere Landesverteidiger sind ja kreativ. Warum nicht einmal eine lustige Dienstvorschrift selber basteln? Gesagt, getan – und mittlerweile können nur noch wirkliche Experten unterscheiden, was aus dem offiziellen Regelwerk stammt und was nichts weiter als eine Fake-Vorschrift ist …

- 📖 Am Ende des Baumes hört der Soldat selbstständig mit den Kletterbewegungen auf.

- 📖 Bei auftretendem Feind ist mit vermehrtem Geschossflug zu rechnen. Gehen Sie frühzeitig in Deckung!

- 📖 Bei Eintritt der Dunkelheit ist mit Nachlassen der Sicht zu rechnen.

- 📖 Bei Nachttemperaturen von über 27 Grad in der Stube sind die Ärmel des Schlafanzuges vier Mal aufzukrempeln.

- 📖 Bei Schnee und Frost ist mit auftretender Kälte zu rechnen.

- 📖 Berge und Hügel unterscheiden sich von ihrer Umgebung vorrangig durch ihre Höhe.

- 📖 Beim Erreichen des Gipfels sind die Gehbewegungen selbstständig einzustellen.

- 📖 Dem Soldaten ist es verboten, Schnee zu formen und zu beschleunigen.

- 📖 Nach dem Einsatz von Atomsprengkörpern kann

das Gelände sehr stark verändert sein. Das Zurechtfinden wird dadurch erschwert.

- Den Feuerkampf gewinnt, wer schneller schießt und besser trifft.
- Ein toter Soldat hat viel von seiner Gefährlichkeit verloren.
- Im Ernstfall kann das Siegen befohlen werden.
- Liegt der Kopf mehr als 20 Zentimeter vom Rumpf entfernt, ist der Tod festzustellen.
- Der Abstand zum Vordermann beträgt genau 80 Zentimeter, 81 Zentimeter gilt als fahnenflüchtig, 79 Zentimeter ist schwul!
- Der Blick ist frei geradeaus in den Nacken des Vordermannes gerichtet, als wolle man ihn durchbohren.
- Vorgesetzte sind unter allen Umständen zu grüßen, egal von wem.
- Die Felge eines Fahrzeuges dient zur Aufnahme der Bereifung.
- Unangepasste Fahrweise, im Gelände, kann einen längeren Fußmarsch zur Folge haben.
- Sie treten gleich so lange nach links raus, bis Sie rechts wieder ankommen.
- Wenn ich »Augen rechts« befehle, dann muss Ihr Rotz an die Wange des Nebenmanns fliegen.
- Stillgestanden heißt stillstehen. Auch wenn Ihnen eine Wespe zum Arsch rein- und aus der Nase wieder rausfliegt.
- Wenn ich sage »stillgestanden«, dann pendelt nur noch Ihr Sack.

EIN KLEINER SCHERZ ZWISCHENDURCH

Wohin schickt man junge Soldaten, die ganz neu in der Kompanie sind? Natürlich in den Kartendruckraum, Karten ausdrucken. Der passende Raum befindet sich im Stabsgebäude, dort, wo die Offiziere ihren Platz haben, an der Tür befindet sich ein Schild mit der Aufschrift »Kdr«. Anklopfen ist überflüssig, einfach eintreten und nach dem Drucker suchen. Der ältere Soldat, der häufig in diesem Raum anzutreffen ist, wird zwar etwas verwundert schauen, aber … Wirklich ein gemeiner Scherz, denn »Kdr« bedeutet nichts anderes als Kommandeurszimmer.

DIE SCHÖNSTEN RITUALE

Die folgenden, für Zivilpersonen oft irritierenden Bräuche werden bei der Bundeswehr, Abwandlungen vermutlich aber auch bei anderen Armeen, praktiziert:

☞ **Das Spindsaufen** – Eine gebräuchliche Ausübung des Betrinkens, meist in unkorrekter Uniform auf dem Spind sitzend. Viele Variationsmöglichkeiten, unter anderem das Aufsetzen der ABC-Schutzmaske. Häufig auch als Spiel – wer als Erster auf die Toilette muss, hat verloren!

☞ **Spindwürfeln** – Das Drehen eines geschlossenen, gefüllten Spinds um eine Raumachse, wobei durch die Einwirkung der Gravitation der Inhalt des Spinds durcheinandergebracht und eventuell auch beschädigt wird. Diese (im Allgemeinen von mehreren Personen gemeinsam) durchgeführte Maßnahme gilt als Ausdruck der Antipathie jener Person gegenüber, die Besitzer des Spindinhalts ist – insbesondere, wenn sich diese Person selbst im Spind befindet.

☞ **Bärendusche** – Ein Initiationsritual, welches das Einverständnis eines Rekruten voraussetzt, wobei das Wort »Bär« für den Rekruten steht; besagter Bär wird im Kampfanzug mit Koppel und unter Umständen auch mit der ABC-Schutzmaske nachts unter eine Dusche gestellt. Gelegentlich kann der Rekrut auch liegen bleiben: Er wird im Bett mit der Kübelspritze nass gespritzt.

EIN BLICK INS NACHTLEBEN

Mit kreativen Bezeichnungen wurden auch einige norddeutsche Orte der maritimen Vergnügungen benannt. Die **Reeperbahn** kennt jeder, aber wer war schon mal im **Idiotendreieck,** einem Vergnügungsviertel in Wilhelmshaven? Oder auf dem **kleinen Streifen** in der Adalbertstraße in Kiel-Wik, wo sich die Bierlokale dicht aneinanderreihen, natürlich noch getoppt vom **Großen Streifen** – einer Vergnügungsmeile ebenfalls in Kiel.

GROSSE TIERE BEIM BUND

Große Raubkatzen wird man in der **Löwengrube,** so die inoffizielle Bezeichnung der Sprunggrube auf der Hindernisbahn, kaum antreffen. Gefährlich ist die Löwengrube, eine der Disziplinen im Militärischen Fünfkampf an der Bundeswehr-Uni, dennoch, denn sie ist rund 2 Meter tief und dicke Soldaten haben oft Probleme, das Hindernis zu bewältigen. Auch ein anderes Tier kommt beim Bund zu sprachlichen Ehren: die **Elefantendusche** (Panzerwaschanlage), geeignet allerdings nur für wirklich sehr dicke Soldaten …

BUNDESWEHR-WITZE

In dieser populären textlichen Form dokumentieren sich die Verhältnisse bei unseren Landesverteidigern besonders eindrücklich. Immerhin kann man noch darüber lachen.

☺ Im Manöver. Eine Brücke ist gesperrt, sie trägt vorsorglich ein Schild mit der Aufschrift »Gesprengt!«. Der General sieht völlig fassungslos, wie eine ganze Kompanie gemütlich über die Brücke schlendert. Der letzte Soldat hat ein Schild auf dem Rücken. Der General reißt den Feldstecher hoch und liest: »Wir schwimmen!«

☺ Ein Lkw der Bundeswehr bleibt im tiefen Schlamm stecken. Zum Glück kommt ein Geländewagen mit vier Offizieren vorbei. Die Herren lassen sich nicht lange bitten, mit gemeinsamer Kraftanstrengung gelingt es dem Fahrer und den Offizieren, den Lkw aus dem Dreck zu ziehen. »Das wäre geschafft!«, bemerkt einer der Offiziere nicht ohne Stolz in der Stimme. »Was haben Sie eigentlich geladen?« »Ooch«, antwortet der Fahrer, »nichts Besonderes. Nur 24 Rekruten.«

☺ Der erste Sprung der jungen Fallschirmjäger. Der Spieß bringt sie einzeln zur Luke und schubst sie hinaus. Nur einer will partout nicht springen, er wehrt sich mit Händen und Füßen. Doch schließlich schafft es der Feldwebel, der Mann stürzt in die Tiefe. »Das ist ja zu komisch!« Der nächste Springer lacht sich halb tot. »Was?«, erregt sich der Spieß. »Über so einen Feigling können Sie auch noch lachen?« – »Feigling? Das war der Pilot!«

ZU WASSER, ZU LANDE UND IN DER LUFT

Das Militär ist flexibel, was die Fortbewegung angeht. Zu Wasser, zu Lande und in der Luft wird alles benutzt, was Propeller, Düsen, Flügel, einen Motor, Ketten oder Reifen hat. Beginnen wir mit den Fahrzeugen, die rollen – Soldaten gehen ungern zu Fuß, wenn sie es nicht unbedingt müssen.

MILITÄR ZU LANDE

Alltagssprache und Dienstvorschriften sind nicht genug für den Soldaten im Einsatz oder im Manöver. Der Einfallsreichtum der Truppe erweitert den Fuhrpark zu Lande um etliche unterhaltsame Komponenten, indem den Fahrzeugen sprachliche Kennzeichen besonderer Art hinzugefügt werden.

- **Y-Tours oder Y-Reisen** (Werbespruch: Wir buchen – Sie fluchen) – Fahrzeugkennzeichen der Bundeswehr beginnen mit Y. Auch das Ende von Germany

- **Heckklappen-Schweine, Heckklappen-Vieh, Heckklappen-Surfer** – Soldaten im hinteren Kampfraum des Schützenpanzers Marder, Panzergrenadiere

- **NATO-Rallye** – Möglichst rasante Heimfahrt ins Wochenende mit dem eigenen Auto; gemeint ist die bundesweite, massenhafte Heimfahrt von Soldaten am Freitagnachmittag zu ihren Heimatorten und die begleitende erhöhte Unfallgefahr

Fahrzeug-Spitznamen

Das erste kleine Auto der Tochter heißt »Muckelchen« und Vater nennt sein stolzes Fortbewegungsmittel einfach nur »mein Bolide«, während seine Frau mit ihrem Gebrauchtwagen kein Glück hatte und daher ständig nur von »dieser Dreckskarre« spricht. Warum sollte, was in der Familie üblich ist, den Verteidigern des jeweiligen Vaterlandes untersagt bleiben?

- **Mannschaftstransportwagen M 113** – Brühwürfel, Kohlenkasten, auch Eierschüttler oder Blechbüchse
- **Schützenpanzer Marder** – Essbesteck
- **Unimog 1,5 Tonnen** – Moggmogg; Moggmogg war das typische Leerlaufgeräusch des Benzinmotors
- **Ford 3,5 Tonnen, Feldküchenwagen mit Benzinmotor** – NATO-Ziege, wegen seines meckernden Auspuffgeräusches
- **Kanonenjagdpanzer** – Rüsselsau

MILITÄR IN DER LUFT

Besonders der fliegende Teil der Truppe weiß sich abzugrenzen – schließlich schweben sie über den Dingen, und auch sprachlich bewegt man sich auf ausgesprochen hohem Niveau …

Luftwaffe allgemein

- **Abspülung** – Flugzeugabsturz ins Meer

- **Außenlandung** – Absturz eines geschwadereigenen Flugzeuges
- **Birdstrike/Birdie** – Kontakt eines Fluggerätes mit Vögeln
- **Damenlandung** – Bruchlandung, bei der das Flugzeug auf dem Rücken liegt
- **Einpunktlandung** – Senkrechter Absturz eines Flugzeugs
- **Laut-leise** – Erklärung für den Leistungshebel bei einem Jet

- **Grasnarbe anliegend** – Tiefflug, »fliegt Grasnarbe anliegend«
- **Purzelmännchen** – Abgestürzter Flieger

Flugzeuge im Soldatendeutsch

- **A400 M** – Grizzly (großräumiges Transportflugzeug)
- **Airbus A310 Zero G** – Kotzbomber (Maschine für Parabelflüge für das Deutsche Zentrum für Luft- und Raumfahrt – DLR – aus dem Altbestand der Bundeswehr)
- **Airbus A310, Airbus A330** – Multi-Role-Tanker-Transport
- **Airbus A319, A321, A340, A350** – Regierungsflieger
- **Alphajet** – Kampfstaubsauger, Luftmoped, Staubsauger **Antonow An-2** – Anna; multifunktionales Flugzeug (NVA)
- **Bell UH-1D** – Hubschrauber; Teppichklopfer
- **Do 17** – Fliegender Bleistift; Fernaufklärer Do 17
- **Eurofighter** – Jäger 90, Jäger 2000, Jäger Zwo-Eins, Jäger 2100; Plastikente (wegen der Entenflügel)
- **F-104 Starfighter** – Erdnagel, Sargfighter, Witwenmacher (269 Abstürze, 116 tote Piloten)

- **Fairchild-Republic A-10 Thunderbolt II** – US-Kampfflugzeug; Warzenschwein
- **Heinkel He 177 »Greif«** – Reichsfeuerzeug (Flugzeug stürzte wegen heiß laufender Motoren oft brennend ab; Wehrmacht)
- **Henschel Hs 129** – Fliegender Dosenöffner, Büchsenöffner (Erdkampfflugzeug, zur Panzerbekämpfung eingesetzt; Wehrmacht)
- **Hubschrauber** – Flap-Flap, Wolkenquirl, Fuel-to-Noise-Konverter (sehr lauter Hubschrauber oder sehr lautes Motorflugzeug)
- **Iljuschin Il-2** – Gustav, eiserner (sowjetisches Erdkampfflugzeug; NVA)
- **Lockheed P-38 Lightning** – Gabelschwanzteufel (Wehrmachtsjargon)
- **McDonnell F-4F Phantom** – Backstein, Hobel, Koffer, Ölofen, Heizölflieger, Luftverteidigungsdiesel, Double Ugly
- **Messerschmidt Me 163** – Kraftei (Wehrmacht)
- **PA 200 Tornado** – Klappdrachen, Twister
- **Polikarpow Po-2** – Rollbahnkrähe, Petroleumkocher, Sperrholzbomber und fliegende Nähmaschine (sowjetischer leichter Aufklärer; Wehrmacht)
- **Transall C-160** – Transknall, Schweinetransporter, Kotzbomber (Probleme beim Passagiertransport)

Aus dem Sprachschatz der Fallschirmjäger

Die größte Sorge von Fallschirmspringern ist es, unten heil anzukommen, und deshalb grüßen sich diese besonderen Soldaten mit dem Schlachtruf »**Glück ab!**«. In der Sprungreihe im Flugzeug entlässt jeder Fallschirmjäger seinen Vordermann mit genau diesen beiden Worten. Im Schriftverkehr innerhalb der Fallschirmjägertruppe, aber auch nur dort, ersetzt »**Glück ab!**« die sonst übliche Formel »Mit freundlichen Grüßen«. Die Sprungreihe der Fallschirmjäger hat übrigens einen eigenen Bewegungsraum entwickelt, das sogenannte **Schuffeln.** Beim Nachrücken zum Absprung wird immer ein Schritt nach vorne gesetzt und der andere Fuß bis auf die Höhe der Ferse des vorderen Fußes nachgezogen. Große Aufmerksamkeit gilt dem Fallschirm, der sich unbedingt richtig entfalten muss – keine einfache Sache. Ein **Brötchen,** eine Fehlentfaltung des automatischen Fallschirms, bei dem eine Fangleine über den Schirm läuft, sodass dieser wie ein Brötchen aussieht, ist ebenso lebensgefährlich wie eine **Fahne** – der Schirm öffnet sich nicht, sondern verläuft wie ein Band über dem Springer. Doch die Sache macht auch Spaß, zum Beispiel ein **Juckuhu-Sprung** (auch Hollywood-Sprung genannt), ein automatischer Sprung ohne Gepäck und Waffe.

MILITÄR ZU WASSER

Kein Truppenteil kämpft so intensiv mit elementaren Kräften wie die Soldaten, deren Element das Wasser ist, die nicht nur den Feind, sondern auch das Meer besiegen müssen. Und das jeden Tag und bei jedem Wetter …

Marine allgemein

- **Heimatwimpel** – Weißer Wimpel, der von der Mastspitze bis zum Heck weht. Darf von Marineschiffen gesetzt werden, die entweder den Globus umrundet haben oder länger als sechs Monate vom Heimathafen abwesend waren
- **Schlafsalami** – Hängematte auf der *Gorch Fock*
- **Heizergruß** – Schwarzer Rauchausstoß aus dem Schlot
- **Nordseegarage** – Scherzhaft für Fregatten wegen des Hubschrauberhangars
- **Ostseegarage** – Minenjagdboot Klasse 332 mit Drohnenhangar

Aus dem Sprachschatz der Marine

Bei der Marine beginnt das seemännische Leben eigentlich erst mit der Äquatortaufe – einem Initiationsritus, bei dem Soldaten bei ihrer ersten Überquerung des Äquators in einem speziellen Zeremoniell getauft werden. Wie das zu geschehen hat, ist nicht ganz genau festgelegt. Früher waren die Sitten jedenfalls rauer. Der Täufling wird von einem Neptundarsteller mit übel riechenden Flüssigkeiten wie Fischöl »gereinigt«, auch der Konsum von Alkohol spielt eine wichtige Rolle. Die **Außenbordkameraden** (Fische, Wale und anderes Meeresgetier) sehen verwundert zu.

Das Meer beschreibt der Marinesoldat sehr bildhaft. Als **Ententeich** bezeichnet er die spiegelglatte See bei Flaute, die nirgendwo sonderlich tiefe Ostsee wird **überspielte Wiese** genannt.

Das Wort **Hacksee** kennzeichnet das stürmische Meer, wenn mancher an Bord **die Fische füttert** (sprich: sich übergibt).

Weitere sprachliche Delikatessen: Morgens werden die Besatzungsmitglieder mit dem Ruf »**Reise!**« geweckt, der aber nichts mit einer Reisetätigkeit zu tun hat, sondern vom englischen *to rise* (aufstehen) herkommt. Das Schiff nimmt Fahrt auf, wenn jemand den **Dergel** (Motor) anschmeißt. Wird das Ziel der Reise erreicht, lobt man sich an Bord mit »**Bravo Zulu!**« (Gut gemacht!). Dann ist aber auch **Daddeldu** – Schluss, Ende, vorbei.

Örtlichkeiten bei der Marine

In Schiffen, ganz besonders in U-Booten, gibt es besondere Örtlichkeiten, die zu kennen ein Privileg der Marinesoldaten ist. Außenstehenden ist oft nicht klar, wie fremd diese Welt unter Deck oder sogar unter Wasser sein kann.

Schlafen vier Soldaten/Matrosen in einem Raum, so spricht man von der **Acht-Eier-Last** – eine Viermannkammer. In der **Bilge,** dem Kielraum eines Schiffes, sammelt sich nicht nur das **Leckwasser,** dieser finstere und verborgene Ort ist auch der Lebensraum des **Bilgenschweins** – eines Fabelwesens aus der Seemannssprache. **Der Lutschbubi,** eine Bilgenwasserpumpe, verhindert, dass dieses arme Tier ertrinkt. Allerdings gibt es da auch noch die **Zeckenpisse** – Kondenswasser in U-Booten. Diese Unterwasserfahrzeuge haben sogar einen **Wintergarten,** nämlich das Achterdeck. Im **Bunker** schützt man sich nicht etwa vor Angriffen, dort lagern die Kraftstoffvorräte eines Schiffes. Was die Besatzung eines Schiffes hinterlässt, wandert ins **Bongo** oder in den **Entsorgungsschacht** – beides Ausdrücke für die Toilette – und fließt anschließend in die **Honigzelle** (den Fäkalientank), auch als **Knödelzelle** bekannt. Andere kleinere Räume auf dem Schiff heißen **Schapp,** je nach Funktion zum Beispiel **Handwaffenschapp** oder **Schiffssicherungsschapp.** Immerhin zumindest ein Mann passt in den **Regenspind** an Bord – die Duschkabine.

Die Wasserfahrzeuge – Nicknames

- ⚓ **Schnellboot** – Sauseboot
- ⚓ **Landungsboot** – Schlickrutscher
- ⚓ **Zerstörer der Hamburg-Klasse** – Schwimmende Ritterburg, wegen der hohen Aufbauten
- ⚓ **Fregatten der Köln-Klasse F120** – Surfbrett
- ⚓ **Fregatten der Bremen-Klasse F122** – Schnelles Surfbrett
- ⚓ **Flottendienstboot** – Tittenboot
- ⚓ **Gorch Fock** – Weißer Tampenkreuzer; Schmähname für das Segelschulschiff
- ⚓ **Röhre** – Bei U-Boot-Besatzungen gängige Bezeichnung für das U-Boot

MILITÄR INTERNATIONAL

Von der Päpstlichen Schweizergarde des Vatikans bis zur High-tech-Armee mit Millionen von Soldaten unter Waffen – überall auf der Welt verteidigen Menschen in Uniformen Staaten mit unterschiedlichen politischen Systemen, halten potenzielle Angreifer durch ein Gleichgewicht des Schreckens ab und sichern so den Frieden. Sie können aber auch zu furchtbaren Werkzeugen skrupelloser Machthaber gegen schwächere Nachbarn oder sogar gegen das eigene Volk werden.

WEHRDIENST WELTWEIT

Wehrdienst oder Berufsarmee? Hier nur eine grobe Orientierung, die Regelungen sind zum Teil sehr differenziert und wechseln von Land zu Land häufig. Auch ist es oft schwierig, zwischen einer Freiwilligenarmee und einer Berufsarmee zu unterscheiden.

Australien	Berufsarmee seit 1972
Belgien	Berufsarmee seit 1995
Bosnien und Herzegowina	Berufsarmee seit 2006
Brasilien	Wehrdienst, ausgesetzt, Rekrutierung nach Bedarf
China	Wehrdienst 2 Jahre, Studenten vom Wehrdienst befreit
Dänemark	Wehrpflicht ausgesetzt, da zu viele Freiwillige

Deutschland	Wehrpflicht ausgesetzt zum 1. Juli 2011, Freiwilligenarmee
Estland	Wehrpflicht
Finnland	Wehrpflicht bis zu 347 Tage
Frankreich	»Service national universel« (SNU), 1 Monat seit 2021
Griechenland	Wehrdienst 12 Monate
Großbritannien	Berufsarmee
Iran	Wehrdienst 21 Monate
Irland	Berufsarmee
Israel	Wehrdienst 30 Monate Männer, 24 Monate Frauen
Italien	Berufsarmee
Italien	Freiwilliger Wehr- oder Zivildienst seit 2005
Kosovo	Berufsarmee
Kroatien	Freiwilligenarmee
Litauen	Wehrpflicht 9 Monate
Luxemburg	Berufsarmee
Moldawien	Wehrpflicht
Namibia	Berufsarmee
Niederlande	Berufsarmee
Nordkorea	Wehrpflicht, 11 Jahre für Männer, 7 Jahre für Frauen
Norwegen	Wehrpflicht 12 Monate
Österreich	Wehrpflicht 6 Monate
Polen	Berufsarmee
Portugal	Berufsarmee

Rumänien	Berufsarmee
Russland	Wehrpflicht 12 Monate seit 2008
Schweden	Berufsarmee
Schweiz	Wehrpflicht
Serbien	Berufsarmee
Slowakei	Berufsarmee
Spanien	Berufsarmee
Südafrika	Berufsarmee seit 1994
Südkorea	Wehrpflicht 2 Jahre
Tschechien	Berufsarmee
Türkei	Wehrpflicht 15 Monate
Ukraine	Wehrpflicht 9 Monate
Ungarn	Berufsarmee
USA	Wehrpflicht, zum Teil Losverfahren
Weißrussland	Wehrpflicht
Zypern	Wehrpflicht 14 Monate

DIE GRÖSSTEN MILITÄRISCHEN STREITKRÄFTE

Das Stockholmer Friedensforschungsinstitut SIPRI (Stockholm International Peace Research Institute) ermittelt einmal im Jahr eine vergleichende Aufstellung über alle Länder, welche die größten finanziellen Mittel in ihr Militär investieren. Hier die Top 50 der Staaten mit den größten militärischen Streitkräften – wobei die Zahlen allerdings gewisse Unsicherheiten enthalten. Manche Länder wie etwa China weigern sich, Angaben über ihre Truppenstärke zu machen. Manche der hier angegebenen Daten beruhen deshalb auf Schätzungen.

1. Volksrepublik China   2 190 000
2. USA   1 429 000
3. Indien   1 360 000
4. Russland   1 216 000
5. Nordkorea   1 082 000
6. Südkorea   692 000
7. Pakistan   620 000
8. Iran   570 000
9. Türkei   515 000
10. Myanmar   494 000
11. Vietnam   484 000
12. Ägypten   470 000
13. Syrien   317 000
14. Thailand   317 000
15. Indonesien   303 000
16. Ukraine   292 000
17. Brasilien   288 000
18. Taiwan   270 000
19. Deutschland   265 000
20. Frankreich   252 000
21. Japan   240 000
22. Großbritannien   210 000
23. Kolumbien   210 000
24. Mexiko   194 000
25. Marokko   192 000

26. Italien	190 000
27. Griechenland	176 000
28. Israel	175 000
29. Sri Lanka	161 000
30. Polen	160 000
31. Spanien	156 000
32. Äthiopien	150 000
33. Eritrea	144 000
34. Angola	131 000
35. Algerien	130 000
36. Saudi-Arabien	121 000
37. Kambodscha	120 000
38. Bangladesch	110 000
39. Malaysia	107 000
40. Philippinen	106 000
41. Jordanien	105 000
42. Sudan	102 000
43. Peru	100 000
44. Rumänien	95 000
45. Venezuela	83 000
46. Nigeria	79 000
47. Libyen	76 000
48. Singapur	76 000
49. Argentinien	73 000
50. Libanon	72 000

DIE LÄNDER MIT DEN KLEINSTEN STREITKRÄFTEN

1.	Gambia	1000
2.	Kap Verde	1000
3.	Luxemburg	1000
4.	Osttimor	1000
5.	Äquatorialguinea	1300
6.	Guyana	2000
7.	Lesotho	2000
8.	Malta	2000
9.	Suriname	2000
10.	Guam	3000
11.	Jamaika	3000
12.	Papua-Neuguinea	3000
13.	Trinidad und Tobago	3000
14.	Zentralafrikanische Republik	3000
15.	Fidschi	4000
16.	Swasiland	4000
17.	Benin	5000
18.	Gabun	5000
19.	Lettland	5000
20.	Malawi	5000
21.	Niger	5000
22.	Estland	6000
23.	Slowenien	6000
24.	Tadschikistan	6000

25.	Bhutan	7000
26.	Brunei	7000
27.	Ghana	7000
28.	Mali	7000
29.	Moldawien	7000
30.	Mosambik	7000
31.	Neuseeland	8000
32.	Botswana	9000
33.	Mongolei	9000
34.	Namibia	9000
35.	Dschibuti	10000
36.	Guinea	10000
37.	Guinea-Bissau	10000
38.	Kongo	10000
39.	Togo	10000
40.	Burkina Faso	11000
41.	Irland	11000
42.	Bahrain	12000
43.	Katar	12000
44.	Kirgisistan	12000
45.	Mazedonien	12000
46.	Litauen	13000
47.	Nicaragua	13000
48.	Honduras	14000
49.	Madagaskar	14000
50.	El Salvador	15000

DIE LÄNDER MIT DEN HÖCHSTEN MILITÄR-AUSGABEN (IN US-DOLLAR, 2017)

1. USA — 610 000 000 000
2. China* — 228 000 000 000
3. Saudi-Arabien* — 69 400 000 000
4. Russland — 66 300 000 000
5. Indien — 63 900 000 000
6. Frankreich — 57 800 000 000
7. Großbritannien — 47 200 000 000
8. Japan — 45 400 000 000
9. Deutschland — 44 300 000 000
10. Südkorea — 38 200 000 000

* Von SIPRI geschätzte Werte

IN DER KASERNE ODER IM FELDE: TYPISCHE MILITÄRKOST

Auf der militärischen Speisekarte stehen je nach Land und Weltregion vielfältige, oft überraschende Gerichte. Neben der Beköstigung in der Kaserne werden Soldaten für den Einsatz im Kampfgeschehen mit einer sogenannten Einmannpackung, kurz EPa, ausgestattet, einem kleinen Verpflegungspaket, mit dem sie sich einen Tag lang ernähren können. Enthalten sind – bei welcher Nation auch immer – besonders haltbare, sofort verzehrbare Lebensmittel, die ohne besondere Zubereitung auch kalt gegessen werden können. Hier eine Auswahl von Speisen aus der Feldküche und den Vorräten von Soldaten im Felde.

- **Australien** – Chili-Thunfisch-Pasta, Fleischbällchen, gebratenes Rindfleisch, Hühnerfleisch, Thunfisch, Obst, Käse, Korea-Himbeeren, Obstschokolade, Obststäbchen, Kakaostäbchen, Schokoladenstäbchen, Bonbons
- **Dänemark** – Fleischklößchen mit Soße, Thunfisch, Schokoladenpulver
- **Deutschland** (ab 16. Jahrhundert) – Kommissbrot (haltbares Brot unterschiedlicher Rezeptur), Gulasch mit Kartoffeln, Erbsensuppe mit Wiener Würstchen und Speck, Wurst, Zartbitterschokolade
- **Estland** – Gefüllte Paprika, geräucherte Sprotten
- **Frankreich** – Fischsuppe, Bohneneintopf mit Entenfleisch, Reis mit Ananas und Schweinefleisch, Wild, Mousse au Chocolat
- **Großbritannien** – Bohnen, Chicken Tikka Masala, Lammcurry, Bacon and Eggs, Tomaten-Basilikum-Suppe, Obstsalat, Nussfruchtsalat, Chilipaste
- **Im alten Rom** – Fladenbrot aus Dinkel, gesalzen
- **Italien** – Minestrone, Truthahn, Reissalat
- **Kanada** – Lachsfilet mit Tomatensoße, Rumpsteak, Kartoffelpüree, Brot, Tomatensuppe, Pommes frites, Honig
- **Norwegen** – Bohnen mit Schinken, Kabeljau mit Kartoffeln, Rosinen

- 🎖 **Österreich** – »Wiener Grenadiermarsch«, ein Restegericht aus Kartoffeln, Nudeln und Speck
- 🎖 **Russland** – Wareniki (Teigtaschen) mit Hüttenkäse und Sauerrahm, Buchweizen mit geschmortem Konservenfleisch, gedünsteter Kohl, gebratener Hering, Wurst, Hühnersuppe
- 🎖 **Schweiz** – Käseschnitten mit Hartkäse, Zwiebeln und Knoblauch
- 🎖 **Singapur** – Reis oder Nudeln mit Huhn, Soja mit roten Bohnen
- 🎖 **Spanien** – Bohnen mit Schinken, Gemüsesuppe
- 🎖 **Südkorea** – Bibimbap (traditionelles Gericht mit Reis, Gemüse, Rindfleisch, gebratenem Ei und Chilipaste), eingelegtes Gemüse (Kimchi u. a.), Schokoladenkuchen
- 🎖 USA – Italienische Pasta, Mandelkuchen, Schweinesteak mit Soße, Maiskuchen, Kartoffelsuppe, Brombeerkonfitüre, Erdnussbutter mit Sahne, Energy Bars, Rosinen, Kaffeeextrakt und Kaugummi

In fast allen EPas sind nährstoffreiche Hartkekse bzw. Biskuits zu finden. Nur ein einziges Paket enthält Alkohol – das italienische …

SPARMASSNAHMEN AUF GRIECHISCH

Italienische Zöllner untersuchten die Ladung eines deutschen Obstlasters und dachten sofort an Waffenschmuggel, als sie zwischen Orangenkisten zwei fast 4 Meter lange Raketen fanden. Doch die vermutete kriminelle Energie fehlte in diesem Fall: Das griechische Militär wollte sparen und schickte deshalb die beiden 3,60 Meter langen Luft-Luft-Raketen aus Kostengründen von einer griechischen Militärbasis per Obstlaster nach Hamburg – zur Wartung. Die Geschosse waren zwar zerlegt, doch alle Teile und die benötigten elektronischen Steuereinheiten befanden sich im selben Laster.

STURMGEWEHR IM KLEIDERSCHRANK – DIE BEWAFFNETE SCHWEIZ

Das wehrhafte Schweizer Bergvolk verfügt seit langer Zeit über ein quasi öffentliches Waffenarsenal im privaten Kleiderschrank. Schweizer Soldaten nehmen das Sturmgewehr 90 nicht nur mit ins Wochenende, sondern belassen es nach Ende der Dienstzeit auch in ihrem Heim. Mehr als 180 000 Schnellfeuergewehre bewahren die Eidgenossen als Absicherung gegen etwaige Feinde zu Hause auf. Pistolen und andere Gewehre hinzugerechnet, schützen fast 400 000 Schusswaffen vor feindlicher Aggression. Allerdings hatte die Schweiz in ihrer langen Geschichte nie mit einer Invasion zu kämpfen und wurde auch nicht von Feinden besetzt.

2007 sollte Schluss damit sein. Die eidgenössische Volksinitiative »Für den Schutz vor Waffengewalt« wurde von verschiedenen Organisationen unterstützt, Befürworter und Gegner kämpften mit harten Bandagen, aber ohne Sturmgewehre gegeneinander: Sozialdemokraten, Grüne und Gewerkschaften sahen die Schweiz eher von durchgedrehten Amokläufern bedroht wie 2001 in Zug, als ein Attentäter 14 Menschen tötete. Sie wollten die Sturmgewehre aus privater Hand ins Armeedepot verbannen. Die konservativen Kräfte, aber auch der Bundesrat wollten dagegen die bisher praktizierte militärische Tradition fortführen – die aber in vielen Punkten mit dem europäischen Waffenrecht kollidiert. Am 13. Februar 2011 kam es zur Abstimmung. Die Initiative wurde mit 56,3 Prozent Nein-Stimmen abgelehnt, die Schusswaffen bleiben im Schrank.

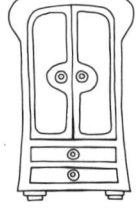

TIERE BEIM MILITÄR

- **Delfine** – Sie und auch Weißwale (Beluga), Große Tümmler und Seelöwen werden eingesetzt zur Aufklärung, zur Minensuche und als Rettungsschwimmer. Solche Tiere wurden auch bereits für Angriffe mit Sprengstoff (Torpedo-Delfine = lebende Lenkwaffen, Vietnam) ausgebildet. Delfine und ihre Verwandten leisten Hilfe bei der gefährlichen Bergung von Gegenständen.
- **Haflinger** – Die kleinen, aber widerstandsfähigen Pferde hel-

fen beim Transport im Gebirge und machen eine schnellere Fortbewegung in unwegsamem Gelände möglich.

🦅 **Hunde** – Sie leisten Dienst als Melder oder Wachposten, werden als Suchhunde (Menschen, Sprengstoff, Drogen), als Kampfhunde und zur Therapie von traumatisierten Soldaten eingesetzt; bei der Bundeswehr sind mehr als 1000 Hunde im Einsatz.

🦅 **Kamele** – Sie dienten und dienen in Wüstenregionen als leistungsfähige und genügsame Reittiere.

🦅 **Maultiere** – Diese Kreuzungen aus Pferd und Esel eignen sich hervorragend für den Transport im Gebirge und für die Fortbewegung von Truppen in unwegsamem Gelände.

🦅 **Pferde** – »Schlachtrösser« dienen als Reittiere, seit es Militär gibt. Ihre schiere Größe lässt sie zur Einschüchterung der Fußsoldaten des Feindes geeignet erscheinen.

🦅 **Ratten** – Speziell ausgebildete Riesenhamsterratten spüren in Mosambik Landminen auf. Die leichtgewichtigen Tiere bringen die Minen nicht zur Explosion, wenn sie darauftreten. Sie zeigen den menschlichen Minenräumern die Lage der Sprengkörper durch Kratzen auf dem Erdreich an.

🦅 **Tauben** – Sie transportierten bereits in der Vergangenheit im militärischen Meldewesen wichtige Nachrichten und Feldpost. Sie können Nachrichten übermitteln, wo sonst nichts mehr funktioniert.

SPECIAL FORCES – TIERE MIT SPEZIALAUFGABEN

In der Geschichte des Militärs kam es immer wieder auch zu tierischen Einsätzen, die über die übliche Verwendung hinausgingen.

☞ **Anti-Panzer-Hunde** – Die Sowjetarmee bildete während des Zweiten Weltkrieges Hunde als Waffe gegen Panzer aus. Sie brachten ihnen bei, unter einen Panzer zu kriechen und dort nach Futter zu suchen. Im Einsatzfall trugen die Tiere ein Sprengstoffpaket auf dem Rücken, das durch einen Knickzünder zur Detonation gebracht wurde. Die Sprengladung auf vier Beinen stellte sich als eine Waffe heraus, die nach hinten losging: Zum einen verlor man bei jedem gelungenen Einsatz den eigenen Kämpfer. Zum anderen wählten die Hunde häufig nicht die Panzer des Feindes, sondern die vertraut riechenden eigenen Kettenfahrzeuge für ihre Angriffe aus …

☞ Ein trauriges Ende als **Versuchstiere** – Bei den Atomversuchen auf dem Bikini-Atoll im Jahr 1946 wurden etwa 5000 Versuchstiere gezielt der radioaktiven Strahlung ausgesetzt. Haustiere wie Schweine, Ziegen und Meerschweinchen, aber auch Ratten und Mäuse verendeten in der atomaren Hölle.

☞ **Explosive Fledermäuse** – Die fliegenden Säugetiere sollten im Zweiten Weltkrieg als *bat bombs* in feindlichen Städten zum Einsatz kommen. Die Erfindung eines amerikanischen Zahnarztes sah vor, dass man zunächst einen Behälter mit zahlreichen Fledermäusen über einer Stadt abwarf. Die Fledermäuse sollten sich in den Häusern der Stadt verteilen. Erst dann sollten an den Tieren angebrachte Brandsätze per Fernzündung zur Explosion gebracht werden. Auch dieser teuflische Plan ging nach hinten los: Entflohene Fledermäuse setzten einen Militärstützpunkt in Brand.

☞ **Fallschirm-Hunde** – Im Zweiten Weltkrieg setzten die Alliierten im Kampf gegen das Naziregime auch sogenannte *paradogs* ein – Hunde, die am Fallschirm im Feindesgebiet landeten. Im Vergleich zum menschlichen Fallschirmjäger brauchten die Hunde nur kleine Fallschirme.

☞ **Geschütz auf vier Beinen** – Für den Einsatz im Gelände wurden rückstoßfreie Geschütze entwickelt, die vom Rücken eines Maultiers aus abgefeuert werden konnten.

☞ **Kampfbienen** – Bienenkörbe kamen im Mittelalter als Waffe gegen belagerte Städte oder Burgen zum Einsatz; sie wurden über die Mauern geworfen, die aufgebrachten Bienen griffen die Verteidiger an.

☞ **Luftaufklärer Taube** – Im Ersten Weltkrieg kamen Tauben mit umgehängter, automatisch auslösender Kamera für die Luftaufklärung zum Einsatz.

☞ **Rüssel-Power** – Auf den alliierten Flugplätzen in Südostasien taten zahlreiche Elefanten Dienst. Sie wurden zum Beispiel beim Beladen schwerer Transportmaschinen vom Typ Curtiss C-46 Commando mit Treibstofffässern eingesetzt und erledigten das Pensum von mehr als einem Dutzend menschlicher Transportarbeiter. In der Geschichte wurden Elefanten immer wieder im Heeres-Transportwesen genutzt, dienten aber auch zur Abschreckung des Gegners (beispielsweise beim karthagischen Heer unter Hannibal).

☞ **Was gackert denn da in der Bombe?** – Britische Militärs arbeiteten in den 1950er-Jahren an der Nuklearmine Blue Peacock, die unbemerkt im Feindesland irgendwo im Boden platziert werden sollte – es herrschte Kalter Krieg, man dachte über Massenvernichtungswaffen nach. Für die nötige Wärme, die der temperaturempfindliche Zünder des Sprengkörpers brauchte, sollten Hühner im Inneren der Bombe sorgen. Deshalb gab es in der Bombe (!) auch einen größeren Vorrat an Hühnerfutter. 1958 wurde der abstruse Plan aufgegeben.

AUS DER GESCHICHTE DES MILITÄRS

Soldaten, Feldherren, Armeen, Kämpfe und Kriege haben ihre Spuren in der Geschichte der Menschheit hinterlassen. Die Geschichtsschreibung berichtet von großartigem Einsatz für die Freiheit, aber auch von Verbrechen und Gräueltaten, die uns daran erinnern sollten, dass eine Armee, die nicht zum Einsatz kommen muss, die beste Verteidigung ist.

BERÜHMTE FELDHERREN

»Mit vielen Ideen ist man noch kein geistvoller Mann, mit vielen Soldaten noch kein guter Feldherr«, meinte der französische Schriftsteller Nicolas Chamfort (1741–1794). Die folgende Auflistung stützt diese Behauptung. Sie enthält Beispiele für erfolgreiche Heerführer, aber auch für Verlierer, Versager und Unmenschen. Wobei der Erfolg von Feldherren eine Frage der eigenen Position ist – die Besiegten sehen das anders als die Sieger.

☞ **Pyrrhus von Epirus** (318–272 v. Chr.) – Sein Name hat viele Jahrhunderte überdauert, das allerdings nicht wegen seiner großen Leistungen: Der Pyrrhus-Sieg ist bis heute eine Redewendung, die einen mit viel zu hohen Verlusten erkämpften Sieg bezeichnet. Der nordgriechische König kämpfte in Unteritalien gegen die Römer und setzte dabei eine nicht alltägliche Waffe ein: 20 Elefanten. Zwar siegte er in zwei Schlachten bei Heraclea 280 und Ausculum 279 v. Chr., erlitt aber besonders auf dem letzten Schlachtfeld enorme Verluste in den eigenen Reihen, unter anderem durch die Elefanten, die im Kampf nicht zu bändigen waren. Pyrrhus soll das Geschehen mit dem Satz »Noch so ein Sieg gegen die Römer, und wir sind verloren!« kommentiert haben. In einem weiteren Zusammentreffen 275 v. Chr. in der Schlacht bei Beneventum wurde Pyrrhus von den römischen Truppen geschlagen, die seine simple Taktik durchschauten und ihn und seine Truppen aus Italien vertrieben.

☞ **Alexander der Große** (356–323 v. Chr.) – Der junge Herrscher Makedoniens hatte seine ersten militärischen Erfolge im Alter von nur 20 Jahren und eroberte in den wenigen Jahren seiner Herrschaft das größte Reich, das die Welt bisher gesehen hatte. Seine hervorstechenden Qualitäten als Heerführer waren brillante Taktik und eiserne Entschlossenheit. Er setzte in seiner Armee orientalische Bogenschützen ein und nutzte vor allem die Kampfesstärke der Kavallerie.

☞ **Hannibal** (247–183 v. Chr.) – Sein Name bleibt verbunden mit einer Alpenüberquerung mit Elefanten. Der größte Erfolg des karthagischen Heerführers war jedoch 216 der Sieg über ein 80 000 Mann großes römisches Heer bei Cannae mit einer nur halb so großen, aber besser ausgebildeten und ausgerüsteten Streitmacht, die Hannibal strategisch geschickt einsetzte.

☞ **Gaius Julius Caesar** (100–44 v. Chr.) – Dem römischen Herrscher gelangen als Feldherr Eroberungszüge zum Beispiel gegen Gallien. Einen Aufstand gegen seine eigene Per-

son konnte er nicht verhindern – er wurde von Verschwö-
rern aus seinem engsten Umfeld getötet.

☞ **Spartacus** († 71 v. Chr.) – Der römische Sklave und Gladiator war Anführer des Aufstands der Gladiatoren im Römischen Reich der Antike während der späten Römischen
Republik. Nachdem die Sklaven aus der Gladiatorenschu-
le geflohen waren, zogen sie plündernd durch das Gebiet
um die süditalienische Stadt Capua und zogen sich dann
auf den Vesuv zurück, den sie als Basis für ihre Raubzüge
in die Städte der Umgebung nutzten. Gegen zwei römische
Milizheere kämpften sie 73 v. Chr. erfolgreich, das Sklaven-
heer wurde aber von den regulären Truppen des Senators
Crassus immer weiter in den Süden Italiens abgedrängt und
schließlich in einer Entscheidungsschlacht aufgerieben, in
der auch Spartacus fiel.

☞ **Arminius** (17 v. Chr.t – 21 n. Chr.) war in den Augen der Römer ein Verräter, ein römischer Offizier germanischer Her-
kunft, der einen Aufstand von Germanen gegen das Römische Reich anführte. In der Varusschlacht im Jahr 9 n. Chr.
lockten seine germanischen Rebellen drei römische Legio-
nen in einen Hinterhalt und schlugen sie vernichtend. Arminius wurde und wird als Befreier Germaniens angesehen,
mit Bezug auf seine Person entstand in der zweiten Hälfte
des 18. Jahrhunderts in Deutschland die Symbolfigur Hermann der Cherusker.

☞ **Alarich der Westgote** (370–410) – Der Anführer der West-
goten führte seine Truppen bis nach Italien und plünderte

die Hauptstadt Rom im Jahr 410 n. Chr.; zum ersten Mal seit 800 Jahren drangen fremde Truppen in die Stadt ein.

☞ **Attila der Hunnenkönig** († 453) – Er kämpfte als Anführer eines kriegerischen Reiterheeres gegen das Weströmische und das Oströmische Reich und zog vom Gebiet des heutigen Ungarns aus einige Jahre lang plündernd durch weite Teile von Mitteleuropa.

☞ **Narses** (um 500–574) – Der byzantinische Heerführer kämpfte aufseiten der Römer in den Diensten von Kaiser Justinian und besiegte 552 durch geschickte strategische Planung die Ostgoten vernichtend. Auch die angreifenden Franken vertrieb er 554 durch einen Sieg in der Schlacht am Volturnus aus Italien.

☞ **Wilhelm der Eroberer** (1027/28–1067) – Herzog Wilhelm II., Fürst der Normannen, überquerte im Jahr 1066 mit einer Streitmacht den Ärmelkanal und besiegte in der Schlacht bei Hastings den englischen König Harold. Seine Eroberung hatte nachhaltige Auswirkungen auf die Anbindung der Insel an Europa.

☞ **Saladin** (1137–1193) – Als Sultan von Ägypten und Syrien regierte er ein muslimisches Großreich und führte Krieg gegen die Kreuzfahrerstaaten; in der Schlacht bei Hattin fügte er den christlichen Kämpfern im Oktober 1187 eine schwere Niederlage zu.

☞ **Richard Löwenherz** (1157–1199) – Von den zehn Jahren seiner Herrschaft verbrachte der englische König nur etwa sechs Monate im eigenen Land;

neben anderen militärischen Aktivitäten zog er mit dem Dritten Kreuzzug als Kreuzritter ins Heilige Land, um Jerusalem für die Christen zu erobern. Auf dem Rückweg von diesem Schlachtzug geriet Richard Löwenherz in Gefangenschaft, aus der er erst 14 Monate später mit dem astronomisch hohen Lösegeld von 100 000 Mark in Silber freigekauft werden konnte.

☞ **Guido de Lusignan** († 1194) – Er sollte das »Königreich Jerusalem«, einen Kreuzfahrerstaat, 1187 gegen den Angriff des muslimischen Sultans Saladin verteidigen, traf aber die falschen Entscheidungen, um die Stadt Tiberias vor den Sarazenen zu retten. Er schickte seine Armee – 20 000 Mann, 1500 davon Ritter in schwerer Rüstung – 25 Kilometer durch die Wüste, und zwar ohne Wasser, denn der Transport der Wasservorräte hätte das Marschtempo reduziert. Halb verdurstet und nicht mehr in der Lage zu kämpfen, starben sie im Pfeilhagel der gegnerischen Armee. Nur drei Monate später fiel auch die Hauptstadt Jerusalem.

☞ **William Wallace von Elderslie** (1270–1305) – Der schottische Freiheitskämpfer und Nationalheld war als Heerführer im Ersten Schottischen Unabhängigkeitskrieg erfolgreich. Obwohl sie zahlenmäßig unterlegen und weitaus schlechter bewaffnet waren als die Engländer, gelang es den von ihm geführten Rebellen, die Armee des englischen Königs Eduard I. zurückzudrängen. 1305 wurde er von einem schottischen Fürsten an die Engländer verraten, gefangen genommen und auf bestialische Weise hingerichtet. Wallace beschimpfte seine Peiniger bis zur letzten Minute.

☞ **Karl der Kühne von Burgund** (1433–1477) – Er wurde in doppelter Weise Opfer seiner schlechten und überalterten Taktik. Er schickte seine Kämpfer, gepanzerte Ritter mit Schild und zu Pferde, mit eingelegter Lanze gegen die aufgereihten feindlichen Infanteriesoldaten, bewaffnet mit Hellebarden und Spießen. Dort fanden sie nicht wirklich einen Gegner, den sie hätten besiegen können, sondern wurden vom Pferd geholt und niedergemacht. Obwohl er bereits zwei Schlachten verloren hatte, hielt der Herzog der Burgunder an seiner Methode fest – und verlor in der Folge am 15. Januar 1477 die Schlacht bei Nancy und sein Leben.

☞ **Cesare Borgia** (1475–1507) – Er war der Sohn eines Papstes und führte um das Jahr 1500 drei Feldzüge an, um die Macht des Kirchenstaats zu festigen. Er nahm mehrere Städte ein. Unterstützt wurde er dabei durch Erfindungen des Universalgenies Leonardo da Vinci.

☞ **Hernán Cortés** (1485–1547) – Der spanische Konquistador kämpfte gegen den Aztekenkönig Montezuma, besiegte ihn und eroberte mithilfe indianischer Verbündeter das Aztekenreich und dessen Hauptstadt Tenochtitlan. In den Jahren von 1521 bis 1530 war Hernán Cortés Generalgouverneur von Neuspanien, das größtenteils auf lateinamerikanischem Gebiet lag.

☞ **Albrecht von Wallenstein** (1583–1634) – Er diente als Feldherr dem katholischen Kaiser Ferdinand II. im Dreißigjährigen Krieg und kämpfte für ihn gegen die Protestanten. Er wurde Opfer von Intrigen und schließlich auf Geheiß seines Dienstherrn umgebracht.

☞ **Prinz Eugen von Savoyen** (1663–1736) – Exakte Planung und Risikofreudigkeit in Verbindung mit einer Portion Draufgängertum waren seine Stärken. Seine Truppen wurden kein einziges Mal besiegt. Seine Siege gegen die Türken und die als unbesiegbar geltenden Franzosen schrieben Geschichte.

☞ **Friedrich der Große** (1712–1786) – Seine militärische Ausbildung war nicht die eines Heerführers, als Feldherr war er sozusagen Autodidakt. Die von seinen Truppen eingesetzte schiefe Schlachtordnung mit einem Schwerpunkt auf einem der Heerflügel hatte zahlreiche Siege zur Folge, weil seine Gegner in Linien aufgereiht antraten. Es gelangen ihm Siege gegen eine Übermacht. Friedrich der Große neigte aber zur Selbstüberschätzung, was auch einige Niederlagen in der Schlacht zur Folge hatte.

☞ **Napoleon I.** (1769–1821) – Nicht nur die Strategie seines Italienfeldzugs 1796/97 war beeindruckend, der Blitzsieg der französischen Truppen bei Austerlitz 1805 wurde Teil der Militärgeschichte. Napoleon verstand es, die Bewegungen ganzer Armeen präzise zu planen; der Einsatz von Artillerie entschied viele seiner Schlachten. Er scheiterte, weil er es nicht verstand, seinen Generälen die nötigen Handlungsfreiräume zu geben, und weil er an die eigene Unbesiegbarkeit glaubte. Die Niederlage in der Schlacht von Waterloo gegen den englischen General Wellington und den Preußen Blü-

cher im Juni 1815 beendete seine Herrschaft und letztlich das
französische Kaiserreich.

☞ **Arthur Wellington** (1769–1852) – Er beendete die Herrschaft Napoleons mit zäher Entschlossenheit. Er kämpfte
die französischen Truppen zunächst mit einer Zermür-
bungsstrategie, später mit massiven Angriffen nieder, wobei
er besonders die Feuerkraft seiner Infanterie nutzte. Ohne
die Unterstützung durch den preußischen General Blücher
wäre ihm der Sieg von Waterloo 1815 aber wohl nicht ge-
lungen.

☞ **Andoche Junot** (1771–1813) – Als Jugendfreund von Napoleon Bonaparte war ihm eine Karriere in der französischen
Armee sicher. Er bekleidete verschiedene Kommando-
funktionen, versagte aber jedes Mal, wenn er ein alleiniges
Kommando führte – es genügt eben nicht, nur die richtigen
Freunde zu haben. Im Russlandfeldzug 1812 in der Schlacht
bei Walutino verhielt er sich so apathisch, gewissenlos und
feige, dass Napoleon ihm das Kommando entzog und ihn zurück nach Frankreich schickte. Vermutlich aus Kummer und
Scham über das eigene Versagen beging Junot 1813 Selbstmord.

☞ **Helmuth von Moltke** (1800–1891) – Er gab dem preußischen Heer eine neue Kommandohierarchie, nutzte moderne Waffentechnik wie das Zündnadelgewehr und erweiterte
die logistischen Möglichkeiten des Militärs durch die Nutzung von Eisenbahn und Telegrafie. Sein Motto »Getrennt
marschieren – vereint schlagen« machte nicht nur schnelle

Siege gegen Österreich und Frankreich möglich, sondern ging auch in den allgemeinen Sprachgebrauch über.

☞ **Redvers Buller** (1839–1908) – Dieser General diente der englischen Krone in Afrika, seine Truppen kämpften gegen Zulu-Krieger und Aufständische in Ägypten. Während der Kampfhandlungen pflegte er zu speisen, die Nachrichten vom Schlachtfeld interessierten ihn nicht sonderlich. Entsprechend verloren seine Einheiten, obwohl zahlenmäßig und von der Waffentechnik her überlegen, im südafrikanischen Burenkrieg eine Schlacht nach der anderen. 1901 wurde das Trauerspiel beendet, der General der Niederlagen vom Dienst suspendiert.

☞ **George A. Custer** (1839–1876) – Als Kavallerieführer im Amerikanischen Bürgerkrieg (1861–1865) gefeiert, stieg dem General sein Ruhm zu Kopf und er verlor den Sinn für militärische Realitäten. 1876 wollte er die Liste seiner Großtaten um einen Sieg gegen die Prärieindianer am Little Big Horn erweitern, machte aber einen entscheidenden strategischen Fehler angesichts des zahlenmäßig überlegenen Gegners: Er teilte seine Truppen auf und schwächte sie so weiter. Obwohl besser bewaffnet, wurde Custers 7. Kavallerieregiment von den Indianern vernichtend geschlagen, auch Custer fiel im Kampf.

☞ **Douglas Haig** (1861–1928) – Sein rücksichtsloser Oberbefehl und seine Fehlentscheidungen trieben im Ersten Weltkrieg Hunderttausende seiner Soldaten in den Tod. Gnadenlos zwang er seine Truppen ohne Deckung in das Sperrfeuer der feindlichen Artillerie. Bereits am ersten Tag der Schlacht an der Somme (1. Juli 1916) waren über 50 000 Tote und Verwundete zu beklagen, verursacht durch feindliches MG-Feuer. Für seine eigenen Truppen lehnte Haig die Benutzung von Maschinengewehren ab. Diese Waffe würde überschätzt und zudem die Moral der Truppe untergraben.

☞ **Rodolfo Graziani** (1882–1955) – Der Vormarsch der von Graziani befehligten italienischen Truppen in Ägypten im Herbst 1940 verlief alles andere als organisiert. Teile seiner Truppen flohen vor dem eigenen Artilleriefeuer, die befehlshabenden Offiziere verließen die Stellungen. Der Vormarsch blieb schon nach wenigen Kilometern stecken, und den mit 25 000 Soldaten eigentlich unterlegenen gegnerischen Engländern gelang ein großartiger Gegenangriff: 150 000 Italiener wurden gefangen genommen, 400 Panzer und 1200 Geschütze konnten erbeutet werden. In nur zwei Monaten büßte Italien die Hälfte seines nordafrikanischen Kolonialreichs ein, der unfähige General wurde von Mussolini abgesetzt. Graziani war aber nicht nur ein schlechter Heerführer, sondern außerdem ein Kriegsverbrecher. Im Krieg gegen Abessinien setzte er flächendeckend Giftgas ein.

☞ **Erich von Manstein** (1887–1973) – Als General und Feldmarschall der deutschen Wehrmacht entwickelte er den sogenannten Sichelschnitt-Plan, der zur schnellen Eroberung von Frankreich führte. An der Ostfront verhinderte von Manstein durch geschickte Abwehrstrategien gegen die Rote Armee eine vernichtende Niederlage der eigenen Truppen.

☞ **Erwin Rommel** (1891–1944) – Der General und Feldmarschall der deutschen Wehrmacht im Zweiten Weltkrieg wurde auch der Wüstenfuchs genannt. Durch äußerst geschickten Einsatz seiner Panzertruppe schlug er die ihn bedrängenden Feinde weit zurück.

☞ **Võ Nguyên Giáp** (1911–2013) – Der Guerillakämpfer und General der nordvietnamesischen Volksarmee führte die Việt-Minh-Truppen von Hồ Chí Minh und die Soldaten der Volksarmee Nordvietnams. Giáp, der auch als der »Napoleon des Ostens« bezeichnet wurde, war im Indochinakrieg gegen die französische Kolonialmacht militärisch ebenso erfolgreich wie später im Vietnamkrieg. Er war der Planer hinter der sogenannten Tet-Offensive, die der Siegesgewissheit der US-Truppen einen schweren Schlag versetzte und den Anfang vom Ende des amerikanischen Engagements in Vietnam einleitete.

FRAUEN UND DAS MILITÄR

Das Militär war über Jahrtausende Männerdomäne. Frauen spielten nur sehr selten eine Rolle in der militärischen Hierarchie, hatten allenfalls Aufgaben bei der Versorgung der Truppe zu übernehmen. Die Marketenderin, die Wanderhure, die Soldatenfrau samt Kindern folgten dem Tross eines Heerzuges und arbeiteten für dessen Versorgung.

⚣ Die sagenhaften **Amazonen**, weibliche Kriegerinnen, kommen in vielen Mythen und Sagen der altgriechischen Vorstellungswelt vor. Vermutlich gab es sie aber tatsächlich – zumindest deuten manche textlichen Hinweise auf die Orte ihrer Existenz hin.

⚣ So könnten zum Beispiel die **Skythen**, ein berittenes Kriegervolk aus den eurasischen Steppen, Vorbild für die legendären Amazonen gewesen sein. Viele Frauengräber der Skythen enthalten neben Schmuck und Schminkzeug auch zeittypische Waffen.

⚣ Die Grabbeigaben **vorzeitlicher Gräber** wurden lange Zeit falsch gedeutet: Fand man Haushaltsgegenstände und Schmuck, gingen die Archäologen davon aus, es mit einem Frauengrab zu tun zu haben. Waffen im Grab galten als Indiz für eine männliche Ruhestatt.

⚣ Als man 1962 in Niederstotzingen ein **alemannisches Gräberfeld** entdeckte, ging man genau nach diesem Deutungsschema vor. Neue DNA-Untersuchungen beweisen aber, dass in den Gräbern aus der Zeit zwischen 590 und 630 n. Chr. auch bewaffnete Frauen liegen. Auch im Baltikum, in England und in Skandinavien finden sich Frauengräber aus dieser Epoche, die Waffenbeigaben enthalten.

⚣ Kriegerinnen und Soldatinnen, also Frauen an der Waffe, hat es wohl immer gegeben. Frauen kämpften mit den Männern ihrer Familie oder mit ihren Stammeskriegern, wobei sie oft ihr Geschlecht nicht verleugneten. Dort, wo den Frauen die Teilnahme an kriegerischen Handlungen verboten war, verkleideten sie sich als Männer. Dann entpuppte sich ein mutiger Kämpfer erst auf der Krankenstation oder auf der Totenbahre als Frau …

- **Jeanne d'Arc** (1412–1431), die »Jungfrau von Orleans«, war eine der berühmtesten Kriegerinnen. Sie kämpfte aufseiten Frankreichs gegen England, geriet aber in englische Gefangenschaft und musste das schreckliche Schicksal einer Verbrennung auf dem Scheiterhaufen erdulden, verraten vom katholischen Klerus ihres Vaterlandes.

- **Eleonore Prochaska** (1785–1813) gab sich als Mann aus und diente unter dem Namen August Renz in den Befreiungskriegen gegen Napoleon im preußischen Heer. Im Herbst 1813 traf sie bei einem Gefecht eine Kartätsche, als sie einen verwundeten Kameraden retten wollte. Sie erlag einige Wochen später – mittlerweile als Frau erkannt – ihren schweren Verletzungen. Man gab ihr den Beinamen »Potsdamer Jeanne d'Arc« und feierte ihren aufopfernden Einsatz in Gedichten, Romanen und sogar im Theater: Ludwig van Beethoven komponierte 1815 die Musik zu dem Schauspiel *Leonore Prohaska* von Friedrich Duncker, einem bedauerlicherweise verschollenen Werk.

- In den Befreiungskriegen kämpften 1813–1815 zahlreiche Frauen, 23 von ihnen sind namentlich bekannt. So die Infanteristin **Friederike Krüger** (1789–1848), eine Bauerntochter aus Mecklenburg, die als August Lübeck für ihre mutigen Taten sogar das Eiserne Kreuz erhielt.

- In der Bundesrepublik Deutschland war der Einsatz von

Frauen an der Waffe bis 1975 durch das Grundgesetz verboten. 1989 wurden die Bereiche Musik und Sanitätsdienst auch für Frauen geöffnet. Kampfeinsätze blieben weiterhin Männern vorbehalten.

⚦ Am 11. Januar 2000 entschied der Europäische Gerichtshof, dass auch die Bundeswehr dazu verpflichtet sei, Frauen alle Funktionen zugänglich zu machen – Kampfeinsatz inklusive. Erstritten hatte diese Entscheidung die Elektronikerin **Tanja Kreil** in einer jahrelangen Klage. Mittlerweile sind circa 18 000 Soldatinnen Teil der Bundeswehr, etwa ein Zehntel der gesamten Truppe.

DIE LÄNGSTEN UND KÜRZESTEN KRIEGE DER GESCHICHTE

Nein, der Dreißigjährige Krieg war nicht die längste kriegerische Auseinandersetzung aller Zeiten. Es gab längere Waffengänge – weitaus längere – und es gab kürzere. Die extreme Situation mit der Bezeichnung Krieg neigt auch in ihrer zeitlichen Ausdehnung zu außerordentlichen Varianten.

🔫 Der möglicherweise längste Krieg: Ein Konflikt zwischen englischen Royalisten, die sich auf der Flucht vor den eigenen Landsleuten auf die Scilly-Inseln geflüchtet hatten, und den Niederlanden, die Reparationen für die durch Piraterie entstandenen Schäden verlangten, begann 1651. Es kam aber zu keinen Kampfhandlungen, weil die königstreuen Briten von General Robert Blake angegriffen wurden, der für das englische Parlament gegen die Royalisten kämpfte und die Inseln zurückeroberte. Trotzdem blieb die Kriegserklärung zwischen Briten und Niederländern unwidersprochen – für die Dauer von 335 Jahren. Erst am 17. April 1986 beendete ein Friedensvertrag den Kriegszustand zwischen den Scilly-Inseln und den Niederlanden.

- Der **Hundertjährige Krieg** spielte sich zwischen 1337 und 1453 ab. Allerdings war dies kein Waffengang mit ununterbrochenen Kampfhandlungen, sondern ein in einzelnen Phasen immer wieder aufflammender Dauerkonflikt zwischen Frankreich und England.

- Ein weiterer, besonders langer kriegerischer Konflikt: der **Achtzigjährige Krieg** von 1568 bis 1648 zwischen Spanien und den »Sieben Vereinigten Provinzen«, der Unabhängigkeitskrieg der Niederlande. In seiner Folge traten die nördlichen Niederlande aus dem Heiligen Römischen Reich aus. Der südliche Teil gehörte weiter zu Spanien, bis im 19. Jahrhundert Belgien daraus entstand.

- Der **Dreißigjährige Krieg** im Heiligen Römischen Reich von 1618 bis 1648 wurde durch den sogenannten Prager Fenstersturz ausgelöst. Er begann als Religionskrieg und entwickelte sich mit den Jahren zu einem Territorialkrieg. In Kriegsgebieten ging die Bevölkerung durch Kämpfe, Hunger und Krankheiten um 25 bis 40 Prozent zurück.

- Die kürzeste Auseinandersetzung: Der **Britisch-Sansibarische Krieg** dauerte 38 Minuten. Er fand am 27. August 1896 zwischen 9:00 und 9:38 Uhr statt. Auf britischer Seite war kein Todesopfer zu beklagen, ein einziger Soldat wurde verwundet. Die Zahl der Opfer auf der Gegenseite erklärt die Dauer des Krieges: Sansibar hatte etwa 300 Tote und 200 Verletzte zu beklagen.

- Der **Emu-Krieg** 1932: Über 20 000 Emu-Straußenvögel attackierten 1932 auf der Suche nach Wasser und Nahrung die Farmen im Westen Australiens, die ohnehin bereits unter einer Kaninchenplage litten. Sie fraßen den Weizen der Farmer, und was sie nicht verschlangen, trampelten die bis zu 1,90 Meter großen Vögel mit ihren Füßen in Grund und Boden. Die Regierung versprach Abhilfe: Drei Soldaten mit zwei Maschinengewehren und 10 000 Schuss Munition sollten die Emus vertreiben – ein Unternehmen, das von vornherein nicht gelingen konnte. Zum einen waren die Straußenvögel mit etwa 50 Stundenkilometern im Gelände viel schneller als die Soldaten in ihren schwerfälligen Lkw, zum anderen entkamen auch angeschossene Vögel, weil die Kugeln in den Fettschichten der wohlgenährten Vögel stecken blieben – nur jede zehnte Kugel tötete einen Emu. Besiegt wurden die Emus 1934 durch eine Abschussprämie – über 55 000 Vögel starben in kurzer Zeit durch die Waffen der Farmer. Einen beständigen Frieden zwischen den Straußenvögeln und den Landwirten brachte erst 1959 ein fast 220 Kilometer langer Zaun, der »Lake Moore Emu Fence«.

HISTORISCHE KÄMPFER UND KÄMPFERINNEN

Der soziale Status, aber auch die Ausrüstung und Bewaffnung von Kämpfern (und Kämpferinnen) hat sich im Laufe der Jahrhunderte stark verändert. Mit jeder neuen Kulturtechnik erweiterten sich die Möglichkeiten und das Schutz- und Angriffspotenzial der Soldaten.

Amazone

Uniform: Chiton, der die rechte Brust unbedeckt ließ
Bewaffnung: Amazonenaxt (Labrys), Speer, Schwert
Rüstung: halbmondförmiger Schild, Rundschild

Soldat im antiken Athen

zu Zeiten der Schlacht von Marathon
Uniform: Kammbusch auf Helm
Bewaffnung: Dory (Stoßlanze) mit stählerner Spitze, Schwert
Rüstung: großer runder Schild, Helm, bronzene Beinschienen, Brustpanzer

Soldat im antiken Rom

Uniform: Focale (Tuch um den Hals aus Baum- oder Schafwolle), Tunika
Bewaffnung: Wurflanze, Schwert, Dolch
Rüstung: Helm, Schild, Kettenhemd oder Schuppenpanzer

Ritter

Uniform: Der jeweilige Schild dient als Erkennungszeichen

Bewaffnung: Schwert, Axt

Rüstung: Schild, Kettenrüstung oder Plattenharnisch

Landsknecht, Dreißigjähriger Krieg

Uniform: keine

Bewaffnung: Morgenstern, Spieß, Hellebarde, Katzbalger (Kurzschwert), zweihändiger Flammberger, Armbrust

Rüstung: Rundschild, Kettenhemd, seltener Vollharnisch

Dschingis Khans Reiter

Uniform: Banner am Speer

Bewaffnung: Speer, Pfeil und Bogen, Schwert

Rüstung: leichte Rüstung aus Stoff oder Leder, nicht aus Metall

Musketiere und Füsiliere

Uniform: mantelartiger Überwurf (Kasack), schwarzer Hut mit Plumage (Federschmuck)

Bewaffnung: Muskete, Lunte, Rapier, Gabelstock, Dolch, Pulverflasche, Kugeln

Rüstung: keine

Soldat in der preußischen Armee

Uniform: kurze blaue Röcke, weit nach oben gezogene Hosen,

Schulterstücke zur Unterscheidung der Dienstgrade, Knobelbecher (Stiefel)
Bewaffnung: Patronentasche, Karabiner, Bajonett, später Stielhandgranate
Rüstung: Pickelhaube

Soldat unter Napoleon

Uniform: lederner Raupenhelm, wollene Mütze, knapp geschnittener Uniformrock, Hosen, Wollstrümpfe, Gamaschen und Halbschuhe, Mantel
Bewaffnung: ein Gewehr mit Bajonett, Säbel, Patronentasche mit Papierpatronen
Rüstung oder Körperschutzvorrichtungen: keine

Soldat im Amerikanischen Bürgerkrieg

Uniform: langschößige Waffenröcke, ansonsten uneinheitliche Uniformierung
Bewaffnung: Muskete als Vorderlader, Bajonett, Handgranate, Patronentasche
Körperschutzvorrichtungen: keine

Soldat in Vietnam (Vietcong)

Uniform: Feldflasche, Tropenhelm bzw. Strohhut, Rucksack, Handgranatentasche, Chest Rig, Gefechtsschal, Sandalen
Bewaffnung: AK-47, Stielhandgranate
Körperschutzvorrichtungen: keine

Kindersoldat in Afrika

Uniform: Flecktarn
Bewaffnung: AK-47
Körperschutzvorrichtungen: keine

DIE ÄLTESTEN SOLDATEN

Es ist die Aufgabe von Soldaten, die Gemeinschaft, in der sie leben, und auch deren einzelne Individuen vor Angriffen von außen zu schützen. Was die Art Homo sapiens betrifft, so blicken der Beruf Soldat und das Militär als Ganzes auf eine mehrere Jahrtausende alte Geschichte zurück – die ersten Spuren eines organisierten Militärs haben Archäologen in der Bronzezeit entdeckt. Herrscher sicherten ihre Machtansprüche schon vor über 5000 Jahren durch militärische Gewalt.

Die ältesten Soldaten allerdings sind nicht menschlich. Nein, es handelt sich auch nicht um Außerirdische, obwohl sie ganz im Gegensatz zu uns Menschen sechs Beine und ein Außenskelett besitzen. Seit vielen Millionen Jahren sichern Soldatinnen – und zwar ausschließlich Soldatinnen – die Bauwerke staatenbildender Gliedertiere, nämlich Ameisenhaufen und Termitenhügel. Insekten haben schon früh in der Evolution eine Rollenaufteilung in ihrem Sozialsystem entwickelt, und die Aufgabe der Soldatinnen hat dazu geführt, dass sich körperliche Anpassungen auf Dauer durchgesetzt haben. Neben den normal großen Arbeiterinnen gibt es solche mit besonders großen Köpfen und vergrößerten Mandibeln – Beißwerkzeugen. Ihre Aufgabe ist es, das Nest zu verteidigen. Bei einigen Ameisenarten kommen über die Tätigkeit von Kämpfern und Kriegern hinaus Spezialaufgaben hinzu – zum Beispiel das Knacken von besonders harten Samenkörnern. Bei wieder anderen Arten sind die Soldatinnen zugleich Pförtner. Sie bestimmen, wer in den Bau hinein darf und wer nicht, und verschließen die Eingänge im Verteidigungsfall mit ihrem Kopf und Körper.

Ein anderer Insektenstaat – die Termiten – setzt bei der Verteidigung ebenfalls auf Soldatinnen. Die Tiere verfügen – noch deutlicher als bei den Ameisen – über einen besonders kräftigen Körperbau und so stark vergrößerte Kiefernwerkzeuge, dass sie bei einigen Arten zur alltäglichen Nahrungsaufnahme nicht mehr geeignet sind. Die kleineren Arbeiterinnen müssen die Soldatinnen mit Nahrung versorgen.

Über eine besondere Waffe verfügt eine südamerikanische Termitenart – alternde Arbeiterinnen der Art *Neocapritermes taracua* werden in recht ungewöhnlicher Weise zu Soldatinnen und zu Selbstmordattentäterinnen. Wenn ihre Mundwerkzeuge abgenutzt sind und sich auch bei den Häutungen nicht mehr erneuern, entwickeln sie eine chemische Waffe: eine Art Rucksack, der giftige Kupferproteine enthält. Im Verteidigungsfall platzt dieser im Kampfgetümmel auf und sie kontaminieren dadurch die Feinde in wenigen Sekunden mit ihrem klebrigen und giftigen Kampfstoff.

Bienen, Wespen und andere staatenbildende Fluginsekten sind dank ihres Giftstachels in der

Lage, sich selbst gegen Angreifer zu wehren. In ihren Festungen – Nestern und Bienenstock – gibt es keine Soldatinnen. Allerdings sind in Brasilien stachellose Bienenarten wie die Jatai-Biene, *Tetragonisca angustula,* bekannt, die wegen der Wehrlosigkeit der einzelnen Individuen schon auf qualifizierte Verteidigerinnen setzen: In ihren Bienenstöcken entwickeln sich einzelne Arbeiterinnen zu besonders kräftigen Soldatinnen, die ihre Mundwerkzeuge als Waffen gegen Angreifer nutzen.

DIE UNTERIRDISCHE ARMEE

Zu den ältesten Zeugnissen der Militärgeschichte zählen über 7000 Terrakotta-Soldaten aus der zentralchinesischen Provinz Shaanxi. Bauern stießen 1974 in Lingtong beim Bau eines Brunnens auf erste Fragmente einer ganzen unterirdischen Armee – Soldaten, Pferde und Kriegsgeräte. Sie hatten durch Zufall eine der bedeutendsten Ausgrabungsstätten der Welt entdeckt.

Der Feldherr dieser lebensgroßen Tonsoldaten war der erste chinesische Kaiser Qin Shi Huang Di, der sieben verfeindete Nachbarstaaten besiegt und zu einem großen Kaiserreich vereinigt hatte, offenbar aber in ständiger Todesangst lebte. Bereits kurz nach seiner Thronbesteigung im Jahr 221 v. Chr. begannen auf sein Geheiß hin die Arbeiten an seiner Grabstätte, die von der Terrakotta-Armee geschützt werden sollte. Tausende Infanteristen, Bogenschützen, Reiter und Generäle sollten die Grabstätte des Kaisers über Jahrtausende sichern.

Neben den lebensgroßen Fuß- und Reitsoldaten sowie Pferden, Kriegswagen und Waffen fanden sich Opfergaben und Siegesgeschenke wie Hirschgeweihe und Tierknochen. Die Figuren der Soldaten wurden detailgetreu mit individuellen Gesichtszügen gestaltet, nach Meinung heutiger Wissenschaftler bildeten sie reale Personen ab. Sowohl die Figuren als auch deren Rüstungen wurden mit erstaunlicher Kunstfertigkeit und einem hohen Grad technischen Könnens hergestellt.

KRIEGSGRÜNDE – ERFUNDEN UND VORGESCHOBEN

Kriege werden aus den unterschiedlichsten Gründen geführt, es mag ethnische, religiöse oder – vor allem – auch wirtschaftliche Gründe für die Führung einer Nation geben, einen Krieg vom Zaun zu brechen. Allerdings möchte in neuerer Zeit niemand als Aggressor gelten. Deshalb bemüht man sich weltweit und immer wieder, unverfängliche Gründe für eine kriegerische Aggression zu finden …

Hitlers Angriff auf Polen wurde durch einen fingierten Überfall auf den Sender Gleiwitz in Schlesien am 31. August 1939 eingeleitet, durchgeführt von SS-Sturmbannführer Alfred Naujocks. Der Vorfall sollte dem Nachbarstaat in die Schuhe geschoben werden und einen Angriff auf Polen rechtfertigen. Hitlers Rede vor dem Reichstag am 1. September 1939 mit dem makabren Satz »Seit 5:45 Uhr wird jetzt zurückgeschossen!« erhielt frenetischen Applaus.

Die **Brutkastenlüge** sollte das Eingreifen amerikanischer Truppen zugunsten Kuwaits begründen: Irakische Soldaten hätten bei der Invasion Kuwaits im August 1990 kuwaitische Frühgeborene aus ihren Brutkästen gerissen und auf dem Boden sterben lassen. Verbreitet wurde diese Lüge von Nayirah as-Sabah, der Tochter des kuwaitischen Botschafters, im Kongress der Vereinigten Staaten. Und sie setzte nicht nur den damaligen US-Präsidenten George H. W. Bush unter Druck. Auch Menschenrechtsorganisationen wie Amnesty International fielen auf diese Art von Fake News bereitwillig herein. Nach der militärischen Intervention und der Befreiung Kuwaits stellte sich heraus, dass die tatsächliche Quelle die amerikanische PR-Agentur Hill & Knowlton gewesen war, die von der kuwaitischen Exilregierung bezahlt wurde.

Der **Tonkin-Zwischenfall** im August 1964 im Golf von Tonkin vor der Küste Nordvietnams bezeichnet ein Gefecht zwischen nordvietnamesischen Schnellbooten und einem Kriegsschiff der U.S. Navy. Er wurde von der US-Regierung unter Präsident Lyndon B. Johnson konstruiert, um die offizielle Beteiligung der USA an den Feindseligkeiten zwischen Nord- und Südvietnam und somit den Angriff auf Nordvietnam zu rechtfertigen. Der bewaffnete Konflikt weitete sich in den folgenden Jahren zum Vietnamkrieg aus (1965–1975). Bereits 1971 entlarvte ein Pentagon-Mitarbeiter den Bericht über den Tonkin-Zwischenfall, die »Tonkin-Resolution«, als absichtlich lancierte Falschinformation.

Saddam Husseins Massenvernichtungswaffen und die von ihnen ausgehende akute Bedrohung wurden als Begründung für den Irakkrieg 2003 konstruiert. Der Angriff der »Koalition der Willigen« unter der Führung der USA sollte diese Bedrohungslage beenden. Diese und weitere Begründungen waren vor dem Irakkrieg stark umstritten. Der UN-Sicherheitsrat glaubte dieser Darstellung nicht und verweigerte dem Angriff die Legitimation durch ein UN-Mandat. Völkerrechtlich führten die USA und ihre Verbündeten einen illegalen Angriffskrieg. Im weiteren Verlauf der kriegerischen Auseinandersetzungen konnten weder Massenvernichtungswaffen noch Hinweise auf einen geplanten Angriff gefunden werden, womit klar wurde, dass die Weltöffentlichkeit irregeführt worden war.

Die Anschläge vom 11. September 2001 auf das World Trade Center dienten als Vorwand für einen Angriffskrieg gegen Afghanistan. Der NATO-Rat wertete das Attentat als einen Angriff auf einen der NATO-Staaten durch Afghanistan und somit als Verteidigungsfall, der den Verbündeten das Recht gab, gemeinsam gegen den Aggressor vorzugehen. Dass die Initiatoren und Geldgeber für die Anschläge vermutlich nicht in Afghanistan, sondern eher in Saudi-Arabien zu suchen waren, zeigte nicht in die gewünschte Richtung und wurde geflissentlich ignoriert.

Fingierte Terroranschläge in den USA gegen den Luft- und Schiffsverkehr im eigenen Land, die man im Nachhinein Fidel Castro anlasten wollte, waren 1962 Grundlage von Plänen des Generalstabs des Pentagons. Regierungsmitarbeiter entwickelten vielfältige Projekte gegen die Regierung des kubanischen Revolutionärs, unter anderem die hauptsächlich von der CIA betriebene Operation Mongoose, ein Konzept für Angriffe auf allen denkbaren Ebenen, von Gift über Bomben und Drogeneinsatz bis hin zu Attentaten mit Schusswaffen. Die Pläne wurden Präsident John F. Kennedy am 13. März 1962 vorgelegt, etliche der Vorhaben wurden vermutlich auch verdeckt durchgeführt. Attentate – die CIA gab später acht Mordversuche zu – scheiterten, wie man weiß. Es war Präsident Lyndon B. Johnson, der es im April 1964 aufgab, Fidel Castro zu eliminieren.

HISTORISCHE PILOTEN

Vielfach wird der Luftkampf als das moderne Ritterturnier gesehen, was die Männer, welche die Fluggeräte steuern, zu Helden werden lässt, besonders dann, wenn sie als Sieger aus ihren Kämpfen am Himmel hervorgehen.

- **Manfred von Richthofen** (* 2. Mai 1892, † 21. April 1918), genannt »der rote Baron«, war ein deutscher Offizier und Jagdflieger im Ersten Weltkrieg. Er konnte die höchste Anzahl von Luftsiegen (80) eines einzelnen Piloten in diesem Krieg vorweisen und entwickelte die Kampftaktik »Fliegender Zirkus«, mit der Eliteflieger wie ein Wanderzirkus schnell zu neuen Kampfeinsätzen gelangen konnten. Flieger der Truppe nutzten keine Tarnfarbe – Richthofens Maschine war rot und damit der Grund für seinen Spitznamen.

- **Chuck Yeager** (* 13. Februar 1923, † 7. Dezember 2020) war ein US-amerikanischer Fliegerveteran des Zweiten Weltkrieges, ehemaliger Testpilot und General. Yeager durchbrach

1947 mit einer Bell X-1 als erster Mensch die Schallmauer im Horizontalflug, stellte darüber hinaus weitere Geschwindigkeits- und Höhenrekorde auf und flog am 14. Oktober 2012 im Alter von 89 Jahren mit einer F-15 Eagle als Copilot zum letzten Mal Überschallgeschwindigkeit.

- **Wilbur Wright** (* 16. April 1867, † 3. Mai 1912) und Orville Wright (* 19. August 1871, † 30. Januar 1948) waren US-Pioniere der Luftfahrt. Sie absolvierten am 17. Dezember 1903 bei Kitty Hawk in North Carolina den ersten bemannten, zwölf Sekunden dauernden Motorflug der Luftfahrtgeschichte.

- **Thomas E. Selfridge** (* 8. Februar 1882, † 17. September 1908) war das erste Todesopfer der motorisierten Luftfahrt. Selfridge gründete mit Alexander Graham Bell eine Gesellschaft zur Entwicklung von Luftfahrzeugen. Er stürzte mit der Maschine von Orville Wright mit ihm zusammen 25 Meter in die Tiefe, als der Propeller brach. Wright selbst erlitt mehrere Knochenbrüche.

- **Hermann Göring** (* 12. Januar 1893, † 15. Oktober 1946), einer der mächtigsten Männer im NS-Staat, erhielt als Jagdflieger im Ersten Weltkrieg den Orden Pour le Mérite und wurde im Mai 1935 Oberbefehlshaber der Luftwaffe. Göring beging nach seiner Verurteilung im Nürnberger Prozess Selbstmord.

BERÜHMTE HISTORISCHE WASSERFAHRZEUGE

Sie befuhren alle Meere der Welt und wurden – gleichgültig, ob sie siegten oder untergingen – zu Legenden der militärischen Schifffahrt.

⚓ **Adler von Lübeck** – Länge 78,3 Meter, Verdrängung ca. 2000 Tonnen, Besatzung 350 Mann + 650 Marinesoldaten, 4 Masten, Segelfläche 1795 m², 138 Geschütze, Kriegsschiff der Hansestadt Lübeck im 16. Jahrhundert

⚓ **HMS Argus (I49)** – Länge 172,2 Meter, Verdrängung beladen 15 775 Tonnen, Besatzung 495 Mann, 20 000 PS mit 20 Knoten (37 Stundenkilometern) Höchstgeschwindigkeit und 4 Propellern. Bewaffnung: 2 Schnellfeuergeschütze mit 2 Flak und bis zu 21 Flugzeugen; erster Flugzeugträger der Welt, von der Royal Navy noch vor Kriegsende am 16. September 1918 in Dienst gestellt; das Schiff war ein Glattdeckträger, ein Flugzeugträger ohne irgendwelche Aufbauten auf dem Oberdeck.

⚓ **USS Constitution (»Old Ironsides«)** – Länge 62 Meter, Verdrängung 2200 Tonnen, Besatzung 450 Mann, 3 Masten, Segelfläche 3968 Quadratmeter, bewaffnet mit alten Kanonen; ältestes noch seetüchtiges Kriegsschiff der Welt, am 22. Juli 1798 in Dienst gestellt

⚓ **USS Nimitz (CVN-68)** – Länge 332,85 Meter (mit Flugdeck), Verdrängung beladen 101 600 Tonnen, Besatzung 3200 Schiffspersonal und 2480 Flugzeugpersonal, unbegrenzte

Reichweite dank atomarem Antrieb mit Brennstäben für 25 Jahre, Geschwindigkeit über 30 Knoten (56 Stundenkilometer), Bewaffnung 2 ESSM- und 2 Rolling-Airframe-Starter; größtes jemals gebautes Kriegsschiff, am 3. Mai 1975 in Dienst gestellt. Benannt wurde das Schiff nach Chester W. Nimitz, dem Oberbefehlshaber der Pazifikflotte im Zweiten Weltkrieg. Das Schiff spielt sozusagen die Hauptrolle in der Hollywood-Spielfilmproduktion *Der letzte Countdown*, einem Zeitreise-Drama, in dem der Kapitän des Schiffes (dargestellt von Kirk Douglas) mit der Feuerkraft des Schlachtschiffes den japanischen Angriff auf Pearl Harbor verhindern will.

⚓ **HMS Warrior** – Länge 127 Meter, Verdrängung 9210 Tonnen, Besatzung 705 Mann, 5267 PS mit 14,08 Knoten (26 Stundenkilometern) Höchstgeschwindigkeit und 1 Propeller, Bewaffnung mit 32 Vorderladern und 4 Hinterladern; das erste ozeantaugliche Panzerschiff mit eisernem Rumpf, gebaut von der Royal Navy und am 24. Oktober 1861 in Dienst gestellt als waffentechnische Reaktion auf die gepanzerte französische Dampffregatte *La Gloire* (1859 in Dienst gestellt).

KAMPFFLUGZEUGE DES ZWEITEN WELTKRIEGES – EIN MUSEUM

Die Auswahl von militärischen Fluggeräten auf dieser Seite listet Maschinen aus dem Zweiten Weltkrieg auf, die im Luftkampf gegeneinander antraten oder in das Kampfgeschehen auf dem Boden oder dem Ozean eingriffen. Einige der Flugzeuge befanden sich noch bis in die 1950er-Jahre im alltäglichen militärischen Einsatz. Letztlich fanden alle ihre letzte Ruhestätte im Flugzeugmuseum.

Erstflug 1935 — Junkers Ju-87 »Stuka«

Sturzkampfbomber – 5752 Exemplare – 408 Stundenkilometer – Reichweite 820 Kilometer

Das einmotorige Kampfflugzeug aus deutscher Produktion war ein Tiefdecker mit Knickflügeln, starrem Fahrgestell und zwei Mann Besatzung. Es wurde von den deutschen Luftstreitkräften für präzise Bombenangriffe bei Tage eingesetzt.

Erstflug 1936 — Mitsubishi A6M

Jagdflugzeug – ca. 11000 Exemplare – 561 Stundenkilometer – Reichweite 1560 Kilometer

Die Mitsubishi A6M ist mit 11000 Exemplaren das meistgebaute japanische Flugzeug des Zweiten Weltkrieges. Es galt als sehr wendig und zeichnete sich durch eine große Reichweite aus.

Erstflug 1936 — Supermarine Spitfire

Jagdflugzeug – 20351 Exemplare – 656 Stundenkilometer – Reichweite 1500 Kilometer

Die Supermarine Spitfire war ein ausgesprochen wendiges Jagdflugzeug aus britischer Produktion, das im Zweiten Weltkrieg bei der Royal Air Force und den alliierten Luftstreitkräften zum Einsatz kam. Spitfires wurden bis weit in die 1950er-Jahre im Militärdienst genutzt.

Erstflug 1942 – Messerschmitt Me 264

Bomber – 3 Exemplare – 545 Stundenkilometer – Reichweite 15 000 Kilometer

Die Messerschmitt Me 264 wurde für den Einsatz gegen die gegnerische Seeschifffahrt entwickelt, wurde aber auch »Amerikabomber« genannt, weil sie die Städte an der amerikanischen Ostküste erreichen konnte. Es wurden aber nur Prototypen gebaut, das Modell ging nie in Serie.

Erstflug 1938 – Curtiss P-40

Jagdflugzeug – 13 738 Exemplare – 560 Stundenkilometer – Reichweite 1200 Kilometer

Kaum ein anderer amerikanischer Jäger wurde in höheren Stückzahlen produziert als die P-40. Ein großer Teil der Maschinen ging während des Krieges an andere Nationen wie Großbritannien und die Sowjetunion.

Erstflug 1939 – Boeing B-17 Flying Fortress

Bomber – 12 731 Exemplare – 485 Stundenkilometer – Reichweite 2897 Kilometer

Im Laufe der Jahre verließen über 12 700 Maschinen Boeings Fabriken. Die meistgebaute Variante war der Typ B-17G, der fast ausschließlich in Europa zum Einsatz kam.

Erstflug 1939 — Consolidated B-24 Liberator

Bomber – ca. 19 256 Exemplare – 480 Stundenkilometer – Reichweite 3360 Kilometer

Sie konnte eine größere Bombenlast über eine längere Distanz transportieren als die B-17. Auch bei der Anzahl produzierter Flugzeuge übertraf sie die Flying Fortress, wenn man die Modelle für die U.S. Navy mitzählt.

Erstflug 1939 — Lockheed P-38 Lightning

Jagdflugzeug – 10 037 Exemplare – 666 Stundenkilometer – Reichweite 4184 Kilometer

Ein auf Island stationierter zweimotoriger Langstreckenjäger des Typs P-38F schoss am 14. August 1942 eine Focke-Wulf Fw 200 ab – der erste Abschuss eines deutschen Flugzeugs durch die USA.

Erstflug 1939 — Nakajima Ki-43 Hayabusa

Jagdflugzeug – ca. 5900 Exemplare – 512 Stundenkilometer – Reichweite 1600 Kilometer

Hayabusa – Wanderfalke – wurde dieser im Zweiten Weltkrieg als Jagdflugzeug eingesetzte Tiefdecker genannt. Es war das meistgebaute Flugzeug der japanischen Heeresluftwaffe.

Erstflug 1940 — North American B-25 Mitchell

Bomber – 9984 Exemplare – 455 Stundenkilometer – Reichweite 2173 Kilometer

Berühmt wurde die Maschine im April 1942 durch Angriffe auf Japan vom Deck des Flugzeugträgers *USS Hornet* aus, vor allem mit der »Doolittle Raid« auf die Hauptstadt Tokio, geflogen von James Doolittle. Die letzten Exemplare der Mitchell flogen noch bis 1959 als Trainingsflugzeuge bei der U.S. Air Force.

Erstflug 1940 – North American P-51 Mustang

Jagdflugzeug – 15 848 Exemplare – 703 Stundenkilometer – Reichweite 3300 Kilometer

Die P-51 Mustang ist eines der berühmtesten und meistgebauten Jagdflugzeuge des Zweiten Weltkrieges. Sie beeindruckte vor allem durch ihre hohe Geschwindigkeit.

Erstflug 1940 – Vought F4U Corsair

Jagdflugzeug – 12 581 Exemplare – über 700 Stundenkilometer – Reichweite über 3000 Kilometer

Zum Markenzeichen des schweren Jägers wurde seine geknickte Tragfläche. Die Flugleistungen der verschiedenen Versionen unterschieden sich deutlich, lagen aber immer im hohen Bereich. Die letzte Maschine verließ erst im Dezember 1952 die Werkhallen.

Erstflug 1941 – Messerschmitt Me 163 »Komet«

Raketengetriebenes Jagdflugzeug – mehr als 350 Exemplare – über 1000 Stundenkilometer – Reichweite 200 Kilometer

Die Me 163 »Komet« trug den Spitznamen »Kraftei«. Es war das erste Flugzeug, das die 1000-Stundenkilometer-Marke überschritt. Diese hohe Geschwindigkeit erreichte es durch ein Raketentriebwerk. Am 2. Oktober 1941 wurde eine Geschwindigkeit von 1003,67 Stundenkilometern gemessen, bei weiteren Flügen 1130 Stundenkilometer.

Erstflug 1941 – Republic P-47 Thunderbolt

Jagdflugzeug – 15 686 Exemplare – maximal 762 Stundenkilometer – Reichweite maximal 3540 Kilometer

Die Republic P-47 war der letzte Jäger der U.S. Air Force mit Sternmotor. Im Zweiten Weltkrieg leisteten amerikanische Piloten auf der P-47 über 1,3 Millionen Flugstunden. 5222 der 15 686 gebauten Jäger gingen dabei verloren.

Erstflug 1942 – Grumman F6F Hellcat

Jagdflugzeug – 12 275 Exemplare – 612 Stundenkilometer – Reichweite 1740 Kilometer

Die Hellcat war einer der erfolgreichsten Jäger des Zweiten Weltkrieges: Piloten der Hellcat schossen 5156 gegnerische Flugzeuge ab, hingegen gingen nur 270 eigene Maschinen verloren.

DIE ERSTEN DÜSENJETS

Überlegen in der Geschwindigkeit verdrängten die mit Strahltriebwerken ausgerüsteten Düsenjets nach und nach die Propellerflugzeuge, die für militärische Zwecke im Einsatz waren – zuerst die Kampf- und Jagdmaschinen, erst deutlich später folgten die Transportflugzeuge.

➤ **Coanda-1910** – Rumänien; Höchstgeschwindigkeit unbekannt, keine Bewaffnung; das erste Flugzeug, das mit einer Art Thermojet ausgestattet war, wurde vom rumänischen Physiker Henri Marie Coandă im Oktober 1910 vorgestellt und trat seinen ersten und letzten Flug im Dezember 1910 an, als es bei einem Bodentest unerwartet abhob und abstürzte. Danach wurde die Technologie vorerst nicht weiterverfolgt.

- **Heinkel He 178** – Deutsches Reich; Höchstgeschwindigkeit 700 Stundenkilometer; keine Bewaffnung; Versuchsflugzeug der Ernst Heinkel Flugzeugwerke, weltweit erstes Flugzeug mit Strahltriebwerk; der Erstflug erfolgte am 27. August 1939, wenige Tage vor Beginn des Zweiten Weltkrieges, der Testflug dauerte rund acht Minuten.

- **Messerschmitt Me 262** – Deutsches Reich; Höchstgeschwindigkeit 870 Stundenkilometer; Bewaffnung divers je nach Modell; das erste in Serie gebaute Strahlflugzeug (zweistrahlig); zwischen 1943 und 1945 wurden 1433 Exemplare gebaut, von denen 800 an die Luftwaffe ausgeliefert wurden; Erstflug am 18. Juli 1942. Die Me 262 inspirierte Japan zum Bau der Strahljäger Nakajima J9Y Kikka und Nakajima Ki-201.

- **Campini-Caproni C.C.2** – Italien; Höchstgeschwindigkeit 375 Stundenkilometer, keine Bewaffnung; zweites strahlgetriebenes Flugzeug der Welt mit Erstflug am 27. August 1940. Insgesamt wurden nur drei Prototypen produziert.

- **Gloster E.28/39** – Großbritannien; Höchstgeschwindigkeit 544 Stundenkilometer, keine Bewaffnung; erstes britisches Strahlflugzeug und gleichzeitig das erste der Alliierten im

Zweiten Weltkrieg; Erstflug am 15. Mai 1941. Insgesamt wurden nur zwei Prototypen produziert.

KAMPFFLUGZEUGE IN DER NACHKRIEGSZEIT

Erstflug 1952 – Boeing B-52 Stratofortress

Bomber – 744 Exemplare – 1027 Stundenkilometer– Reichweite 9978 Kilometer

Die B-52 Stratofortress ist der wichtigste schwere Bomber in der Luftflotte der U.S. Air Force. Das fast 220 Tonnen schwere Flugzeug wurde immer wieder technisch verbessert und transportiert heute bis zu 32 Tonnen Bomben und Gerät. Ein Ende der Einsatzzeit der schon fast antiken Maschine ist nicht in Sicht.

Erstflug 1952 – Tupolew Tu-95 »Bear«

Bomber – über 500 Exemplare – 930 Stundenkilometer – Reichweite maximal 15 000 Kilometer

Die Tupolew Tu-95 »Bear« ist sozusagen das Gegenstück zur amerikanischen B-52, wird aber anders als diese nicht von Düsentriebwerken, sondern von vier Propellern angetrieben. Mit Blick auf die Flugleistungen sind beide Maschinen dennoch vergleichbar.

Erstflug 1956 – Dassault Mirage III

Jagdflugzeug – 1422 Exemplare – 2716 Stundenkilometer – Reichweite ca. 2400 Kilometer

Das französische Kampfflugzeug wurde in 32 Varianten gebaut und war als Mehrzweckflugzeug oder Abfangjäger nicht nur in der französischen Luftwaffe im Einsatz, sondern auch in zahlreichen anderen Armeen – in Pakistan bis in die 2020er-Jahre. Eine der Modellvarianten war ein Senkrechtstarter.

Erstflug 1956 – Mikojan MiG-21

Jagdflugzeug – 10352 Exemplare – 2230 Stundenkilometer – Reichweite maximal 1800 Kilometer

Der meistgebaute Überschalljäger der Welt ist zwar technisch nicht mehr auf dem neuesten Stand, kommt aber immer noch in einigen Luftstreitkräften zum Einsatz, zum Beispiel in Indien, Vietnam, Ägypten, Syrien und Rumänien.

Erstflug 1958 – McDonnell Douglas F-4 Phantom II

Jagdflugzeug – 5195 Exemplare – 2414 Stundenkilometer – Reichweite ca. 2800 Kilometer

Das allwetterfähige, zweistrahlige Überschallkampfflugzeug war ab den 1960er-Jahren das bevorzugte Gerät der amerikanischen Streitkräfte, die es aber mittlerweile außer Dienst gestellt haben. Die Phantom ist jedoch noch in den Luftstreitkräften zahlreicher Staaten im Einsatz.

Erstflug 1969 – Tupolew Tu-22M »Backfire«

Bomber – 497 Exemplare – 2327 Stundenkilometer – Reichweite 7000 Kilometer

Der Ultraschallbomber der russischen Armee ist ein Schwenkflügelflugzeug mit besonders kurzen Start- und Landestrecken sowie optimierten Flugeigenschaften im Unterschall- und Überschallbereich. Neben der Sowjetunion/Russland wurde der Bomber auch in der Ukraine und in Weißrussland eingesetzt.

DIE GRÖSSTEN BOMBENANGRIFFE DES ZWEITEN WELTKRIEGES

- 💀 **Angriff auf Pearl Harbor** – 7. Dezember 1941, Angriff Japans auf die Vereinigten Staaten, Einsatz von 441 Kampfflugzeugen und 6 Flugzeugträgern auf der Seite Japans. Die Vereinigten Staaten verloren durch den Überraschungsangriff den größten Teil ihrer Pazifikflotte. Die psychologische Wirkung bewegte die bis dahin pazifistisch und isolationistisch eingestellte US-Bevölkerung zur Zustimmung zum Kriegseintritt.

- 💀 **Luftangriffe auf Dresden** – Herbst 1944 bis 17. April 1945, Großbritannien und Vereinigte Staaten gegen Deutsches Reich; hauptsächlich kamen amerikanische »Fliegende Festungen« (B-17) und B-24-Bomber, P-51-»Mustang«-Jagdflugzeuge und britische Lancaster-Bomber zum Einsatz; zwischen 22 700 und 25 000 Todesopfer, großflächige Zerstörung der militärischen und zivilen Infrastruktur in Dresden. Die Angriffe führen bis heute zu vehementer Kritik an der Area Bombing Directive des britischen Luftfahrtministeriums. Ziel war explizit nicht nur die Zerstörung militärischer

Infrastruktur, sondern auch die Demoralisierung der Bevölkerung durch Tod und Zerstörung.

- ☠ **Operation Millennium (Bombardierung von Köln)** – Nachtangriff vom 30. auf den 31. Mai 1942, Großbritannien gegen Deutsches Reich, 1047 britische Bomber, mehrheitlich vom Typ Wellington, 469 Todesopfer, 3300 Nicht-Wohngebäude vollständig zerstört, 2090 schwer und 7420 leicht beschädigt. Der Angriff ist als erster »1000-Bomber-Angriff« bekannt. Sogar Fluglehrer und Flugschüler wurden eingesetzt, um die erforderliche Anzahl Piloten zu rekrutieren. So kamen etwa zweieinhalbmal so viele Bomber zum Einsatz wie bei jedem anderen Luftangriff zuvor.

- ☠ **The Blitz (Bombardierung Englands)** – Zwischen dem 7. September 1940 und dem 16. Mai 1941, Deutsches Reich und Königreich Italien gegen Großbritannien, insgesamt 2519 italienische und deutsche Flugzeuge (davon 998 Bomber und 805 einmotorige Jäger), rund 43 000 zivile Todesopfer, über 1 Million beschädigte oder zerstörte Häuser. Die Kampfhandlungen endeten mit dem Abbruch von deutscher Seite. Das Ergebnis war für das Deutsche Reich ernüchternd, da Großbritannien weder nennenswert geschwächt wurde noch Verhandlungsbereitschaft zeigte.

- ☠ **Atombombenabwürfe auf Hiroshima und Nagasaki** – 6. August und 9. August 1945, Vereinigte Staaten gegen das Kaiserreich Japan, B-29 Enola Gay und B-29 Bockscar, circa 100 000 Tote nach Bombenabwurf, weitere 130 000 Tote bis Ende 1945 und viele weitere in den folgenden Jahren aufgrund von Langzeitschädigungen. Beinahe zwei Drittel aller Gebäude in Hiroshima wurden vollständig zerstört, fast ein Viertel in Nagasaki; diese beiden Luftangriffe stellen den bisher einzigen Einsatz von Atomwaffen in einem Krieg dar. Er führte zur bedingungslosen Kapitulation des Kaiserreichs Japan und somit zum endgültigen Ende des Zweiten Weltkrieges. Bis heute wird die Entscheidung des US-Präsidenten Harry S. Truman zum Abwurf der Atombombe heftig diskutiert.

☠ **Luftangriff auf Dortmund** – 12. März 1945, Großbritannien gegen Deutsches Reich, mehr als 1000 britische Bomber, fast 900 Todesopfer und 2358 Schwerverletzte, fast 5000 Tonnen Bomben wurden abgeworfen. Der Angriff gilt als schwerster einzelner Luftangriff des Zweiten Weltkrieges in Europa. Die Innenstadt wurde behördlich für unbewohnbar erklärt, bis auf die unverzichtbaren Kräfte sollte die ganze Stadt evakuiert werden. Am 7. April 1945 wurde die Stadt von den alliierten Truppen eingenommen.

☠ **Operation Gomorrha (Bombardierung von Hamburg)** – 24. Juli bis 3. August 1943, Vereinigte Staaten und Großbritannien gegen Deutsches Reich, bis zu 791 Bomber pro Angriff in fünf Nacht- und zwei Tagangriffen, circa 34 000 Tote und 125 000 Verletzte, Flächenbombardements mit verheerenden Feuerstürmen (»Da ließ der Herr Schwefel und Feuer regnen vom Himmel herab auf Sodom und Gomorrha« – Gen 19,24 Lut.). Weite Teile der Hamburger Bebauung mit 277 330

Wohnungen wurden vollständig zerstört, das Bombardement zählt zu den folgenschwersten Angriffen des Luftkrieges über deutschem Boden. 2016 vermutete man noch 2800 Bomben als Blindgänger im Stadtgebiet.

KRIEGSSCHIFFE, DIE SICH SELBST VERSENKTEN

Wer im Kampf unterliegt, kann dem Gegner dennoch schaden: Was auf dem Meeresgrund ruht, kann nicht unter falscher Flagge zum Einsatz kommen …

- **Vasa** – Die schwedische Galeone, eines der größten und am stärksten bewaffneten Kriegsschiffe seiner Zeit, sank am 10. August 1628 auf ihrer Jungfernfahrt bei normalem Seegang bereits nach 1300 Metern – sie war aufgrund von Konstruktionsfehlern instabil. Das Schiff wurde 1961 geborgen und ist heute im Vasa-Museum ausgestellt.

- **Bismarck** – Das Vorzeige-Schlachtschiff des Deutschen Reichs versank am 27. Mai 1941; ab Indienststellung im August 1940 war es das größte und kampfstärkste Schlachtschiff der Welt. Im Kampf mit dem britischen Kreuzer *HMS Doretshire*, von dessen Torpedos es getroffen war, wurde die *Bismarck* von der eigenen Besatzung gesprengt.

- **Goetzen** – 1913 als Dampfschiff in Deutschland gebaut und für den Transport von Passagieren und Waren auf dem Tanganjikasee in Deutsch-Ostafrika eingesetzt, wurde die

Goetzen im Ersten Weltkrieg zum Hilfskriegsschiff umgebaut und am 26. Juli 1916 im Rahmen von Rückzugsüberlegungen von den Deutschen selbst versenkt, nachdem die wichtigsten Teile des Schiffes mit Fett abgedichtet worden waren. In den 1920er-Jahren wurde das Schiff geborgen und wieder einsatzfähig gemacht; es ist, nach umfangreichen Reparaturen und technischen Verbesserungen, bis heute unter dem Namen *Liemba* in Betrieb.

⚓ **Admiral Graf Spee** – Das unter der Fahne des Deutschen Reichs fahrende Panzerschiff sank am 17. Dezember 1939 unter dramatischen Umständen; es wurde am 13. Dezember 1939 vor Uruguay von drei britischen Kreuzern beschädigt, lief zur Reparatur Montevideo an und wurde dort von britischen Kriegsschiffen in der Mündung des Rio de la Plata blockiert, jedoch von Uruguay zur Abfahrt binnen 72 Stunden gedrängt. Kommandant Hans Langsdorff erkannte die aussichtslose Lage und versenkte das Schiff. Er beging drei Tage später Selbstmord.

⚓ **Columbus** – Das Kreuzfahrtschiff des Deutschen Reichs wurde am 19. Dezember 1939 auf dem Rückweg von Mexiko nach Deutschland vom britischen Zerstörer *Hyperion* gestellt und von der eigenen Mannschaft versenkt. Die Seeleute gingen von Bord, wurden vom US-Kreuzer *Tuscaloosa* gerettet und später als Schiffbrüchige in die Vereinigten Staaten gebracht. Drei Heizer konnten das sinkende Schiff allerdings nicht rechtzeitig verlassen und gingen mit ihm unter. Die *Tuscaloosa* hatte die *Columbus* trotz Neutralitätsverpflichtung der USA permanent beschattet und ihre Position an die Royal Navy übermittelt. Die *Columbu*s ist bis heute das größte Passagierschiff, das durch Selbstversenkung zerstört wurde.

U-BOOTE MIT GESCHICHTE

Nicht jedes U-Boot ist eine Legende geworden. Besonders im Zweiten Weltkrieg kamen U-Boote in großer Zahl zum Einsatz und manches von ihnen verschwand ohne Wiederkehr und ohne eine Heldenlegende in den Fluten des Ozeans. Sie begruben ihre Besatzungen am Meeresgrund in einem stählernen Sarg. Andere hingegen schrieben Geschichte – tatsächlich oder in der Fiktion …

- 🌐 **1869** – Die *Nautilus*, Kapitän Nemos beeindruckendes U-Boot, fasziniert die Leser in Jules Vernes Roman *20 000 Meilen unter dem Meer*.

- 🌐 **1906** – *U 1*, das erste U-Boot der deutschen Militärgeschichte, wird zu Wasser gelassen.

- 🌐 **1948** – *U 48* gilt als das »erfolgreichste« Unterseeboot des Zweiten Weltkrieges; es versenkte mit seinen Torpedos über 300 000 BRT Schiffsraum.

- 🌐 **1954** – Die *USS Nautilus* (SSN-571) ist das erste nukleargetriebene U-Boot der Welt.

- 🌐 **1959** – Das rosarote U-Boot *Sea Tiger* taucht in der Blake-Edwards-Komödie *Unternehmen Petticoat* auf.

- ⊛ **1960** – Das nichtmilitärische Tiefseetauchboot *Trieste* des Schweizer Meeresforschers Jacques Picard erreicht eine Tiefe von 10 916 Metern.
- ⊛ **1966** – »Yellow Submarine«, ein Song der Beatles, wird veröffentlicht.
- ⊛ **1981** – *U 96* ist das U-Boot aus der Verfilmung des Romans *Das Boot* von Lothar-Günther Buchheim.
- ⊛ **2000** – Das russische U-Boot *K-141 Kursk* sinkt nach einer Explosion an Bord; alle 118 Besatzungsmitglieder kommen ums Leben.

PANZERATTRAPPEN

Die Vortäuschung nicht vorhandener Stärke gehört zu den klügsten Kriegslisten. Panzerattrappen kamen und kommen immer wieder zum Einsatz, weil sie aus preiswerten Materialien herzustellen und vielfältig einsetzbar waren und sind. Außerdem können sie in der Ausbildung von Soldaten Verwendung finden, zum Beispiel als Ziele auf dem Schießplatz.

- Wegen der Rüstungsbeschränkungen durch den Versailler Vertrag war der Reichswehr die Nutzung von Panzern verboten. Major Guderian setzte daher ab 1927 Panzerattrappen zu Übungszwecken ein. Als Grundlage verwendete man Traktoren und Autos oder baute die Geräte aus Holz nach.
- Der **M4 Sherman** war nicht immer das, was die feindliche Aufklärung vermutete. Es gab eine aufblasbare Version des

mittelschweren amerikanischen Panzers im Zweiten Weltkrieg.

- Auch das spätere Modell **M47 Patton** existierte in einer auf-
blasbaren Version.

- In großer Zahl kamen 1944 Attrappen im Rahmen der **Operation Fortitude** zum Einsatz, um die deutschen Truppen
von den Invasionsvorbereitungen in der Normandie abzu-
lenken.

- Die britische Armee wählte mancherorts den umgekehr-
ten Weg. In der **zweiten Schlacht von El Alamein** tarnten
die britischen Soldaten ihre echten Panzer als harmlose
Nutzfahrzeuge – was wie ein gewöhnlicher Lastkraftwagen
aussah, wurde so als Waffe noch gefährlicher. So in ihrer
Kampfstärke verbessert, besiegten sie die Truppen Nazi-
Deutschlands.

- Als Material für Nachbildungen von Kettenfahrzeugen wurden Holz, Blech, Baumaterialien, sogar einfach nur Sand und
Erde benutzt. Im **Kosovo-Krieg** setzten serbische Truppen
Panzerattrappen gegen die angreifenden NATO-Kräfte ein,
um deren Bomber zu täuschen. Zum Teil waren diese Fake-
Kettenfahrzeuge aus Tetrapack-Verpackungsmaterial hergestellt.

- Die russische Armee setzt auch im neuen Jahrtausend noch
Attrappen des **Kampfpanzers T-72** ein.

- Die US-Armee verwendet Attrappen des **Kampfpanzers
M1 Abrams**, die sogar die Hitzesignatur eines echten Panzers imitieren und so das feindliche Feuer auf sich lenken.

Im Gegensatz zum Original kostet dieser »Panzer« nur etwa 3300 Dollar.

DER KALTE KRIEG

Als Kalten Krieg bezeichnet man eine Systemauseinandersetzung zwischen Kapitalismus und Kommunismus vor allem zwischen den Vereinigten Staaten von Amerika und dem sogenannten Ostblock unter Führung der UdSSR (Sowjetunion). Er fand seinen Ausdruck im Wettbewerb der Systeme in Bezug auf Wirtschaft, Kultur und Wissenschaft. Besonders die Fortschritte in der Raumfahrt rechneten sich die Kontrahenten als Ausdruck ihrer Überlegenheit an. Der Beginn des Kalten Krieges wird auf das Jahr 1945 datiert, er endete mit dem Zerfall der Sowjetunion 1991.

Folge des Kalten Krieges war ein bisher nicht da gewesenes Wettrüsten auf konventioneller und atomarer Ebene zwischen den USA und der Sowjetunion. Die Zahl der Atomwaffen auf der Welt, zumeist in den Arsenalen der USA und der UdSSR, wuchs bis zur Mitte der 1980er-Jahre auf bis zu 70 000 – genug für einen Overkill. Eine kriegerische Auseinandersetzung hätte die Menschheit gleich mehrmals vernichten können.

Gleich dreimal drohte aus dem Kalten Krieg eine »heiße« Auseinandersetzung der Supermächte zu werden: während der Blockade von Berlin durch die UdSSR 1948/49, als Folge der Kubakrise 1962 und im Streit um die Stationierung von Mittelstreckenraketen in Europa von 1979 bis 1982/83.

Als »Anfang vom Ende des Kalten Krieges« bezeichnete Michail Gorbatschow, damals Generalsekretär der KPdSU, das Gipfeltreffen mit dem amerikanischen Präsidenten George Bush auf Malta im Dezember 1989.

DIE BLUTSUPPE DER SPARTANER

Das militärisch geprägte Staatswesen der Spartaner hat seinen Niederschlag in der Sprache gefunden: Spartanisch ist im heutigen Deutsch synonym für einfach, hart, genügsam, ja asketisch. Es ging tatsächlich ausgesprochen hart zu in Sparta. Schwächliche Kinder wurden ausgesetzt und mussten ihre Überlebensfähigkeit beweisen, männliche Kämpfer wurden lebensgefährlichen Initiationsriten unterzogen.

Auf dem Schlachtfeld waren die abgehärteten Kämpfer aus Sparta gefürchtet, die Quelle ihrer Kraft aber wird von heutigen Zeitgenossen vielfach in ihrer – spartanischen – Ernährung gesehen: Power auf Dauer brachte die spartanische Blutsuppe, ein Gericht, das in neuzeitlichen Vorstellungen sicherlich weitaus derber gedacht wird, als es tatsächlich war: ein Suppengericht aus Blut und scharf gewürztem gekochtem Schweinefleisch, abgeschmeckt mit Essig und Salz. Dabei wurde keineswegs das Blut von Feinden, sondern nur das des geschlachteten Tieres verwendet. Besonders bei den Spartiaten, den Vollbürgern Spartas, stand es regelmäßig auf dem Tisch. Zwar war diese Suppe ein Hauptgericht der spartanischen Küche, aber keineswegs das einzige. In seiner späten Geschichte soll Sparta sogar durch Völlerei und Trunksucht verweichlicht worden sein.

MIT DEM FAHRRAD IN DEN KRIEG

Im Jahr 1845 erfunden, in den darauffolgenden Jahren technisch weiterentwickelt, entstand mit dem Fahrrad ein Fortbewegungsmittel, das etwa um 1870 auch in den Fokus des Militärs geriet. Ab 1885 begannen die Armeen der Welt, Fahrrad zu fahren, nicht nur das 25th Infantry Bicycle Corps der US-Armee, auch Einheiten des japanischen Kaiserreichs wurden mit Militärfahrrädern ausgestattet.

Die Schweizer Armee, die in diesem Zusammenhang besonders hervorzuheben ist, stieg 1892 auf das Fahrrad beziehungsweise Velo, wie es in der Schweiz heißt. Der Schweizer Bundesrat hatte eine Eliteeinheit ins Leben gerufen, die Radfahrerabteilung, die zunächst aus maximal 15 Mann bestand und auf eigenen Fahrrädern unterwegs war. Sie brachten ihre eigenen Räder zum Dienst mit wie – so war es üblich – die Kavalleristen ihre Pferde. Ab 1905 konnten die Soldaten ihr eigenes Velo zu Hause lassen: Die Truppe stellte ihnen ein Armeevelo zur Verfügung, eine schwarz emaillierte, rund 22 Kilogramm schwere technische Schönheit mit Luftbereifung, Freilauf und dem Schweizerkreuz am Gabelrohr, die während der nachfolgenden 90 Jahre nahezu unverändert weiter genutzt wurde. Bis 1988 wurden fast 70 000

Exemplare ausgeliefert. Das erste Armeevelo, Modell 05, avancierte zum Design-Klassiker und ist im In- und Ausland sehr begehrt. Der Gebrauchtpreis stieg von anfangs 150 auf bis zu 1500 Schweizer Franken.

Die militärischen Radfahrer fungierten zunächst in der Hauptsache als Kuriere und überbrachten Nachrichten zwischen den einzelnen Einheiten. Ab 1924 wurden die Schweizer Velo-Soldaten zu einer Kampftruppe umgewandelt. Kaum vorstellbar, aber sie waren mit Maschinengewehren, Panzerabwehr-Lenkwaffen, Panzerfäusten und einem Sturmgewehr bewaffnet. Sogar einen Raketenwerfer führten sie mit sich. Während des Zweiten Weltkrieges erreichte die Truppenstärke 9000 Mann in drei Regimentern. Allerdings mussten die Radfahrer häufig laufen, weil Kautschuk in diesen Tagen Mangelware war und sie die Reifen ihrer Velos schonen mussten. Das Ende der Schweizer Militärfahrräder kam 2003 – in der modernen Kriegsführung wären Radfahrer ein allzu leichtes Opfer. Übrig bleiben militärische Legenden und ein Velo mit Kultstatus.

🚲 1892 bis 1904: Schweizer Soldaten bringen ihr Velo selbst mit.

🚲 1905: Das Ordonnanzrad Modell 05 wird von den Herstellern, Caesar, Condor, Schwalbe und Cosmos, an die Armee geliefert.

🚲 1944: Das Schweizer Armeefahrrad bekommt eine Trommelbremse.

🚲 1995: Das neue Modell 93 der Firma Condor besitzt eine 7-Gang-Schaltung.

MILITÄR UND KULTUR

Kämpferische Auseinandersetzungen und Kriege finden ebenso ihren Niederschlag im Geistesleben der Menschheit wie die Existenz von Militär und die damit verbundenen gesellschaftlichen Erscheinungsformen im Allgemeinen. In allen Medien reflektieren kreative Menschen das militärische Leben und die Leistungen des Militärs – vom Heldentum bis zu seinen Gräueltaten.

MILITÄR IN DER LITERATUR

Hier eine Auswahl von Romanen, welche das Militär und den Krieg zum Thema haben, die meisten entstanden im 20. Jahrhundert, in dem die Menschheit zwei Weltkriege und zahllose andere bewaffnete Auseinandersetzungen zwischen Nationen und weltanschaulichen Gruppen erleben musste.

- 1867 – Leo Tolstoi: *Krieg und Frieden*
- 1906 – Gustav Frenssen: *Peter Moors Fahrt nach Südwest. Ein Feldzugsbericht*
- 1912 – Wilhelm Lamszus: *Das Menschenschlachthaus. Bilder vom kommenden Krieg*
- 1915 – Ludwig Ganghofer: *Die stählerne Mauer*
- 1916 – Henri Barbusse: *Das Feuer. Tagebuch einer Korporalschaft*
- 1920 – Ernst Jünger: *In Stahlgewittern. Aus dem Tagebuch eines Stoßtruppführers*
- 1927 – Arnold Zweig: *Der Streit um den Sergeanten Grischa*
- 1928 – Erich Maria Remarque: *Im Westen nichts Neues*

📖 **1929** – Ernest Hemingway: *In einem andern Land* (Original: *A Farewell to Arms*)

📖 **1930** – Edlef Köppen: *Heeresbericht*

📖 **1931** – Carl Zuckmayer: *Der Hauptmann von Köpenick*

📖 **1948** – Norman Mailer: *Die Nackten und die Toten*

📖 **1950** – Ernest Hemingway: *Über den Fluss und in die Wälder*

📖 **1951** – Siegfried Lenz: *Der Überläufer* (erschienen 2016)

📖 **1952** – Andreas Engermann: *Einen bessern findst du nicht*

📖 **1954** – Erich Maria Remarque: *Zeit zu leben und Zeit zu sterben*

📖 **1954** – Hans Hellmut Kirst: *08/15*

📖 **1954** – Karlludwig Opitz: *Der Barras. Ein Bericht*

📖 **1955** – Gert Ledig: *Die Stalinorgel*

📖 **1955** – Josef Martin Bauer: *So weit die Füße tragen*

📖 **1956** – Heinz Konsalik: *Der Arzt von Stalingrad*

📖 **1957** – Alistair MacLean: *Die Kanonen von Navarone*

📖 **1958** – Fritz Wöss: *Hunde, wollt ihr ewig leben?*

📖 **1960** – Dieter Noll: *Die Abenteuer des Werner Holt. Roman einer Jugend*

📖 **1961** – Joseph Heller: *Catch-22*

📖 **1963** – Dieter Noll: *Die Abenteuer des Werner Holt. Roman einer Heimkehr*

📖 **1969** – Kurt Vonnegut: *Schlachthof 5 oder Der Kinderkreuzzug*

📖 **1973** – Lothar-Günther Buchheim: *Das Boot*

📖 **1974** – Michael Shaara: *The Killer Angels*

- 📖 **1979** – Heinz Konsalik: *Sie waren zehn*
- 📖 **1981** – Heinz Konsalik: *Frauenbataillon*
- 📖 **1987** – Artjom Wessjoly: *Russland in Blut gewaschen*
- 📖 **1987** – Gustav Hasford: *Höllenfeuer* (Original: *The Short-timers* – verfilmt als *Full Metal Jacket*)
- 📖 **2016** – Sebastian Barry: *Days Without End*

AUS DER BIBLIOTHEK DER MILITÄRAKADEMIEN

Die folgenden Bücher werden in der Ausbildung von Offizieren weltweit eingesetzt – das älteste davon ist bereits seit über 2000 Jahren ein Standardwerk.

- 📖 **Sunzi:** *Die Kunst des Krieges* (um 500 v. Chr.) – Trotz seines Alters von über 2500 Jahren enthält es noch immer brauchbare Regeln für Personalführung und Strategie.
- 📖 **Niccolò Machiavelli:** *Der Fürst* (1513) – Gilt als das erste Werk der modernen politischen Philosophie und definiert die Grundsätze der Staatsräson neu.
- 📖 **Carl von Clausewitz:** *Vom Kriege* (1832–1834) – Eines der bedeutendsten Werke über die Kriegsführung mit einer allgemeinen Wesensbestimmung des Krieges.
- 📖 **Gustave Le Bon:** *Psychologie der Massen* (1895) – Dieses Grundlagenwerk der Sozialpsychologie beeinflusste die Propagandastrategien von Politikern und Diktatoren des 20. Jahrhunderts.

MILITÄRSERIEN IM TV

Nach den Krankenhausserien dürften solche über Soldaten und das Militär im Allgemeinen einen ähnlich hohen Rang auf der Hitliste der Zuschauerbeliebtheit einnehmen, versprechen sie doch – ähnlich wie die Hospital-Opern – Action und überbordende Gefühle in großer Dosis, wobei sich Dauerkonsumenten fragen sollten, warum Blut, Schweiß und Tränen auf ihrer Unterhaltungsliste ganz oben stehen.

- **Army Wives** – Dramedy aus dem Blickwinkel der Angehörigen
- **Band of Brothers – Wir waren wie Brüder** – Authentische Kriegsserie über den Zweiten Weltkrieg in Europa
- **Das Boot** – Anrührendes Serien-Remake des Klassikers aus der Perspektive einer deutschen U-Boot-Besatzung
- **Ein Käfig voller Helden** – Sitcom; spielt in einem deutschen Kriegsgefangenenlager des Zweiten Weltkrieges
- **Generation Kill** – Schonungslos offene Kriegsserie
- **M*A*S*H** – Anti-Kriegs-Sitcom mit schwarzem Humor; spielt im Koreakrieg; Kultstatus
- **Medal of Honor** – Kriegsserie mit hoher Authentizität
- **Seal Team** – Kriegsserie mit aufsehenerregender Action
- **The Long Road Home** – Spannende, actionlastige Kriegsserie
- **The Pacific** – Authentische Kriegsserie über den Zweiten Weltkrieg im Pazifik
- **The Unit** – Kriegsserie mit wechselnden Schauplätzen

MILITÄR IM FILM

Die folgenden Spielfilme haben den Kampf, den Krieg und das Militär zum zentralen Thema.

1917 (2019) – Düster-realistischer Film, dessen Handlung im Ersten Weltkrieg an der Westfront spielt und zwei britische Meldegänger begleitet.

300 (2006) – Geführt von König Leonidas kämpfen 300 Spartaner in der Schlacht bei den Thermopylen 480 v. Chr. gegen Xerxes und sein zahlenmäßig weit überlegenes persisches Heer und unterliegen. Ihr Mut führt dazu, dass sich die griechischen Völker verbünden und die Perser letztlich besiegen. Ein Kriegsfilm über Heldentum in ferner Vergangenheit.

American Sniper (2014) – Der amerikanische Navy-SEAL-Scharfschütze Chris Kyle rettet durch seinen Einsatz unzählige Leben. Als er nach vier Jahren Kriegsdienst in ein normales Leben zurückkehren will, spürt er, dass die Kriegserfahrungen traumatische Spuren in seinem Seelenleben hinterlassen haben. Ein Film von Regisseur Clint Eastwood voller intensiver Bilder.

Apocalypse Now (1979) – Antikriegsfilm-Klassiker des Regisseurs Francis Ford Coppola, der im Vietnamkrieg spielt. Freie Verfilmung von Joseph Conrads Erzählung *Heart of Darkness (Herz der Finsternis)*. Auch Michael Herrs Vietnamkriegs-Reportagen unter dem Titel *Dispatches (An die Hölle verraten)* bilden den Hintergrund. Die Hauptrolle spielt Martin Sheen, dessen Sohn Charlie Sheen 1986 in dem Vietnam-Drama *Platoon* zu sehen ist.

Black Hawk Down (2001) – Fesselnder Kriegsfilm über die gescheiterte Gefangennahme eines Warlords durch amerikanische Elitesoldaten in Somalias Hauptstadt Mogadischu und die Rettungsaktion im Feuer somalischer Rebellen.

Braveheart (1995) – Historisch nicht vollständig korrekter, aber dennoch beeindruckender und opulenter Film über den Rachefeldzug eines schottischen Clans im 13. Jahrhundert gegen den englischen König für die Befreiung Schottlands von der englischen Vorherrschaft.

Casablanca (1942) – US-amerikanischer Klassiker mit Humphrey Bogart und Ingrid Bergman in den Hauptrollen. Im eigentlichen Sinne ein Liebes- und Abenteuerfilm, der aber vor dem Hintergrund des Zweiten Weltkrieges spielt und den Freiheitskampf gegen das nationalsozialistische Deutschland thematisiert.

Das Boot (1981) – Der Filmklassiker beleuchtet den für die Besatzungen lebensgefährlichen Einsatz der deutschen U-Boot-Flotte in der Atlantikschlacht gegen britische Handelsschiffe, die durch starke Zerstörerverbände geschützt sind. Obwohl sie nahezu chancenlos sind und sich in einer klaustrophobischen Situation befinden, versuchen die Männer, ihre Pflicht zu tun, zugleich zweifelnd an den Absichten der Hitlerregierung.

Das letzte Ufer (1959) – Zur Zeit seiner Entstehung als Science-Fiction-Film eingestuft, schildert seine Handlung die Geschehnisse nach einem weltweiten Atomkrieg – nicht zuletzt wegen Gregory Peck und Ava Gardner auch heute noch aussagestark, beunruhigend und berührend.

Der längste Tag (1962) – Einer der letzten Kriegsfilme in Schwarz-Weiß ist zugleich einer der aufwendigsten. Er schildert die Ereignisse vor und bei der Landung der Alliierten in der Normandie während des Zweiten Weltkrieges. Seinen Titel verdankt das Meisterwerk Generalfeldmarschall Erwin Rommel, der über die anstehende Invasion gesagt haben soll: »Für die Alliierten und für Deutschland wird es der längste Tag sein.«

Der Pianist (2002) – Der mit drei Oscars und mehreren anderen Preisen ausgezeichnete Film schildert in eindrücklicher Weise das wunderbare Überleben des polnischen Pianisten Wladyslaw Szpilman zur Zeit der Nationalsozialisten. Szpilman entkommt aus einem Konzentrationslager und sucht, ständig auf der Flucht vor seinen Verfolgern, immer neue Verstecke im zerbombten Warschau.

Der Soldat James Ryan (1998) – Der Filmklassiker schildert die Suche der US-Armee nach dem letzten Überlebenden dreier Brüder, von denen zwei bei der Normandie-Invasion ums Leben gekommen bzw. verschollen sind. Regisseur Steven Spielberg inszeniert das Grauen des Krieges eindrücklich und stilbildend.

Der Untergang (2004) – Die erstaunlich realistisch wirkende Darstellung der letzten Tage von Adolf Hitler, dargestellt von Bruno Ganz, der trotz der aussichtslosen Situation eines verlorenen Krieges noch immer zwischen Optimismus und Selbstmordabsicht schwankt. Ein Film, der die beklemmende Perspektive eines Untergangs an die Zuschauer vermittelt.

Die Brücke von Arnheim (1977) – Der britisch-amerikanische, mit zahlreichen Schauspiellegenden besetzte Film schildert den Versuch der Alliierten, hinter die deutschen Linien zu gelangen, um die Einnahme des Ruhrgebiets vorzubereiten. Doch der Versuch, die wichtige Brücke von Arnheim zu halten, bis die Bodentruppen eingetroffen sind, scheitert.

Duell – Enemy at the Gates (2001) – Im Kampf um Stalingrad im Winter 1942 könnte die Auseinandersetzung zweier Scharfschützen auf russischer und deutscher Seite entscheidend werden. Der Film schildert den tödlichen Wettstreit dieser beiden Kontrahenten.

Dunkirk (2017) – Mit Zivilcourage und Einsatzwillen versuchen englische Zivilisten im Mai 1940, von den Deutschen eingekesselte alliierte Soldaten bei Dünkirchen zu befreien, weil die Rettungsaktion der Militärs zwar angelaufen ist, aber letztlich noch auf sich warten lässt. Ein beeindruckender moderner Antikriegsfilm.

Full Metal Jacket (1987) – Britisch-amerikanischer Antikriegsfilm, der vorletzte Film von Regisseur Stanley Kubrick. Die Handlung spielt in einem Ausbildungslager der US-Marines und in Vietnam. Der Film verwendet authentisches Archivmaterial. Seinen Namen erhielt der Film von der englischsprachigen Bezeichnung für ein Vollmantelgeschoss (*full metal jacket bullet*).

Gesprengte Ketten (1963) – Einer der bedeutendsten Kriegsfilme und zugleich einer der erfolgreichsten Filme des Jahres in den USA. Er schildert die Ereignisse rund um einen Massenausbruch alliierter Soldaten aus einem deutschen Kriegsgefangenenlager während des Zweiten Weltkrieges. Die Handlung beruht auf einer wahren Begebenheit.

Gladiator (2000) – Das großartige, von Ridley Scott *(Blade Runner)* inszenierte und in den Kinos äußerst erfolgreiche Historiendrama beeindruckt mit prachtvollen Kostümen und epischen Bildern. Der vermeintlich gefallene römische Feldherr Maximus steigt im Kolosseum unerkannt zum König der Gladiatoren auf, um sich an dem neuen Kaiser Commodus, Vatermörder und Mörder seiner Familie, zu rächen und dem römischen Senat die Staatsmacht zurückzugeben. Die Gladiatorenkämpfe im Kolosseum spielen im Film eine zentrale Rolle.

Hacksaw Ridge (2016) – Der Sanitäter Desmond T. Doss, Mitglied der amerikanischen Streitkräfte im Zweiten Weltkrieg, ist Kriegsgegner und weigert sich, Waffen zu tragen und Menschen zu töten, wird aber, in mutigem Einsatz und ohne einen einzigen Schuss abzufeuern, Retter vieler seiner Kameraden. Die Aussage des Films: Auch in extremen Situationen von Gewalt kann ein Einzelner viel bewirken, ohne Gewalt – wohl auch die Meinung von Regisseur Mel Gibson.

Herz aus Stahl (2014) – Brad Pitt kämpft als kampferprobter Sergeant Don Collier (Spitzname »Wardaddy«) im April 1945 hinter den feindlichen Linien, auf deutschem Boden, gegen die letzten Aufgebote des Naziregimes. Er führt das Kommando über die fünfköpfige Besatzung eines Sherman-Panzers. Der Film zeigt in blutiger, ungeschminkter Darstellung den Horror des Krieges und bezieht Position für die Soldaten, die tun, was sie tun müssen. Kritiker werfen ihm Kriegsgläubigkeit vor.

Hotel Ruanda (2004) – Thema des Films ist der Völkermord an der Tutsi-Bevölkerung in Ruanda und eine wahre Geschichte: Paul Rusesabagina, Manager des »Hotel Des Milles Collines« in Kigali, startet eine Hilfsaktion und macht das Vier-Sterne-Hotel zum Zufluchtsort für über 1200 Menschen, die er unter Lebensgefahr für seine eigene Person vor dem sicheren Tod durch die in der Stadt mordenden Hutu-Milizen bewahrt.

Inglourious Basterds (2009) – Ein moderner Kriegsfilm von Quentin Tarantino mit einer blutigen Bildsprache, aber auch voller Witz und Tragik. Im von Deutschen besetzten Frankreich treffen die Rachepläne des jüdischen Mädchens Shosanna, die den Mörder ihrer Familie, den deutschen Oberst Hans Landa, töten will, mit den Plänen einer jüdisch-amerikanischen Guerilla-Einheit zusammen, die einflussreiche Nazi-Führer zur Rechenschaft ziehen will. Die Vorhaben gelingen – und enden in einer Gewaltorgie.

Jarhead – Willkommen im Dreck (2005) – Der erste von insgesamt vier *Jarhead*-Spielfilmen hat den Zweiten Golfkrieg zum Thema. Die Filmzeitschrift *Cinema* meint: »Ungewöhnlicher Kriegsfilm über einen Trupp Marines im Golf-Krieg – gänzlich unblutig, von hoher suggestiver Kraft und am Ende wahrhaft apokalyptisch.«

Killing Fields – Schreiendes Land (1984) – Ein Kriegsfilm über den Terror der Roten Khmer, die das Land Kambodscha von 1975–1979 beherrschten. Protagonisten sind der amerikanische Journalist Sydney Schanberg und sein kambodschanischer Kollege Dith Pran, die in den Wirren getrennt werden. Nach der abenteuerlichen Flucht von Dith Pran aus einem Lager  durch den Dschungel wird dieser gerettet. Musikalischer Höhepunkt des Films: John Lennons »Imagine«.

Last Samurai (2003) – Ein zynischer, dem Alkohol verfallener Veteran des Amerikanischen Bürgerkrieges, Captain Nathan Algren (dargestellt von Tom Cruise), übernimmt die Aufgabe, die Armee des japanischen Kaisers nach westlichem Vorbild aufzubauen. Im Kontakt mit dem traditionellen Ehrenkodex und der Kultur der Samurai erkennt Algren Werte, die auch ihn zu einem Krieger hatten werden lassen. Ein überwältigendes Drama und zugleich eine Reise in eine Welt, in der Ehre und Hingabe noch etwas bedeuten.

Operation Petticoat (1959) – Kein Kriegsfilm, sondern eine Militär-Komödie ist *Unternehmen Petticoat* (deutscher Titel) von Regisseur Blake Edwards mit Cary Grant als U-Boot-Kommandant Sherman und Tony Curtis als Versorgungsoffizier Holden. Ein filmisches Meisterwerk, in dem ein rosafarbenes U-Boot namens »Sea Tiger« eine Hauptrolle spielt, und zugleich eine hinreißende Satire auf die chaotischen Zustände in der U.S. Navy an der Pazifikfront des Zweiten Weltkrieges.

Operation Walküre – Das Stauffenberg Attentat (2008) – Die Handlung: Claus Schenk Graf von Stauffenberg entwickelt sich vom Frontsoldaten in Afrika zum Offizier in Hitlers Armee, entscheidet sich schließlich aber zum Widerstand. Die Beweggründe für diese Entwicklung werden aufgezeigt, die Schwierigkeiten bei der Umsetzung der »Operation Walküre« dargestellt. Nachdem das Attentat gegen Adolf Hitler am 20. Juli 1944 gescheitert ist, wird von Stauffenberg mit anderen Mitverschwörern hingerichtet. Ein Stück Zeitgeschichte.

Patton – Rebell in Uniform (1970) – Ein Spielfilm über das Leben und Wirken des US-amerikanischen Generals George S. Patton im Zweiten Weltkrieg. Die Kritik meint: »Das biografische Soldatenporträt gibt einige Aufschlüsse über den ungewöhnlichen Charakter und das chauvinistische Sendungsbewusstsein des auch gegen sich selbst rücksichtslosen Mannes. Der aufwendige und überlange Film bemüht sich einerseits um eine Rekonstruktion der historischen Fakten, mystifiziert den General andererseits jedoch zur legendären, ›überlebensgroßen‹ Gestalt.« (*Lexikon des internationalen Films*)

Pearl Harbor (2001) – Ein Kriegsfilm über den verheerenden Angriff der Japaner auf den amerikanischen Hafen auf Hawaii am 7. Dezember 1941, in den eine Dreiecks-Liebesgeschichte eingebaut ist. Die Filmkritik fand ihn übertrieben patriotisch und die dargestellten Personen zu heroisch, die Zuschauer mochten ihn. Er landete mit einem Einspielergebnis von 449 Millionen US-Dollar auf Platz 6 der weltweit beliebtesten Filme des Jahres.

Platoon (1986) – Platoon ist in der englischen Soldatensprache eine Bezeichnung für einen Zug von etwa 40 Soldaten, die in der Handlung des Films gegen den Vietcong kämpfen. Regisseur Oliver Stone schildert die Auswüchse des Vietnamkrieges und die Wirkung der Kriegshandlungen auf die Infanteriesoldaten schonungslos real. Eine der Hauptrollen spielt Charlie Sheen, der mit großer schauspielerischer Leistung beeindruckt und seinem

Vater Martin Sheen folgt, der 1979 im Vietnamfilm *Apokalypse Now* die Hauptrolle spielte.

Schindlers Liste (1993) – Der schwarz-weiß gedrehte Spielberg-Film dokumentiert in ergreifenden Bildern das Leiden der Juden unter dem Nationalsozialismus, er kann als eines der erschütterndsten Kriegsdramen aller Zeiten gelten. Der deutsche Fabrikbesitzer Oskar Schindler beschäftigt Juden als billige Arbeitskräfte, rettet aber viele von ihnen vor dem Konzentrationslager, indem er – unterstützt von seinem jüdischen Buchhalter – eine »Liste der Unabkömmlichen« erstellt und so zu einem Helden der Menschlichkeit wird.

The Imitation Game – Ein streng geheimes Leben (2014) – Eine filmische Biografie des britischen Mathematikers und Informatikers Alan Turing und seiner Rolle bei der Entschlüsselung von geheimen Nachrichten des deutschen Militärs im Zweiten Weltkrieg, die mit der »Enigma« verschlüsselt waren – einem Chiffriersystem, das lange Zeit als unknackbar galt. Turings Arbeit war aus heutiger Sicht kriegsentscheidend. Der Film wurde von der Kritik hoch gelobt.

Tödliches Kommando – The Hurt Locker (2008) – Der rote oder der blaue Draht? Die Bombenentschärfer der US-Armee kämpfen im Irak gegen unsichtbare Heckenschützen und Selbstmordattentäter und riskieren regelmäßig ihr Leben bei der gefährlichen Entschärfung von Sprengkörpern. Der Film von Kathryn Bigelow schaut ihnen im Stil einer Dokumentation über die Schulter und gibt ihre Angst und Anspannung eindrücklich an die Zuschauer weiter.

Top Gun (1986) – Der deutsche Titel *Top Gun – Sie fürchten weder Tod noch Teufel* des US-amerikanischen Actionfilms von Tony Scott mit Tom Cruise in der Hauptrolle eines Kampfpiloten der U.S. Navy beschreibt die inhaltliche Ausrichtung: Eine verschworene Gemeinschaft jugendlicher Helden (allen voran Tom Cruise) erlebt Abenteuer im Luftkampf, agiert in atemberaubenden Bildern, untermalt von cooler Musik und immer mit einem flotten Spruch auf den Lippen. Ein perfekter Werbefilm für das US-Militär.

Unbeugsam – Defiance (2008) – Die vier jüdischen Bielski-Brüder aus Polen versuchen 1941, sich der Verfolgung durch die Nazis zu entziehen, und führen als Partisanen einen Untergrundkampf, um weitere Juden zu retten. Der Film orientiert sich inhaltlich an tatsächlichen Gegebenheiten.

Wir waren Helden (2002) – 400 amerikanische Soldaten stehen in einem Tal in Vietnam überraschend 4000 Vietcong-Kämpfern gegenüber. Unter der Führung von Oberstleutnant Hal Moore (Mel Gibson) kämpfen sie ums nackte Überleben. Der Film zeigt Heldenmut und Todesangst.

Zero Dark Thirty (2012) – Ein Spielfilm, der leicht mit einer Dokumentation verwechselt wird: Er schildert die Suche der CIA-Agentin Maya nach dem Versteck des al-Qaida-Führers Osama bin Laden. Als im Mai 2011 ein Navy-SEAL-Team aufbricht, um bin Laden gefangen zu nehmen oder zu töten, ist Maya die Einzige, die sicher ist, dass es tatsächlich bin Laden ist, der sich in dem Gebäude in Pakistan versteckt. Ein Film, der moralische Fragen aufwirft und seine Zuschauer Nerven kostet.

MILITÄRMUSIK – MÄRSCHE UND MUSIK FÜR BLASKAPELLEN

Die heutige musikalische Form des militärischen Marsches hängt mit der Einführung des Gleichschritts in die soldatischen Regeln zusammen und hat sich im 17. Jahrhundert entwickelt. Der zunächst übliche Trommelschlag zur Angabe des Marschtempos wurde später durch den Einsatz eines Blasorchesters erweitert. In Preußens Armee unterschied man zwischen den Besetzungen »Kleines Spiel« (Trommeln und Pfeifen) und »Großes Spiel« (Holz- und Blechbläser mit Schlagzeug und Schellenbaum).

Militärmusik diente zunehmend auch zur Untermalung und Aufwertung militärischen Zeremoniells und erhielt vor allem in Preußen unter Friedrich Wilhelm I. (1688–1740) entscheidende Impulse. Es wurde Tradition, dass jedes Regiment über einen eigenen Marsch verfügte. Hier eine Liste beliebter Militärmärsche.

- ♫ 92er Regimentsmarsch
- ♫ 94er Regimentsmarsch
- ♫ Abschied der Gladiatoren
- ♫ Alexandermarsch
- ♫ Ambosspolka
- ♫ Auf der Vogelwiese
- ♫ Badenweiler Marsch
- ♫ Bayerischer Defiliermarsch
- ♫ Bayerischer Präsentiermarsch
- ♫ Bozener Bergsteigermarsch
- ♫ Brin Polka

♪ Castaldo-Marsch

♪ Das Lieben bringt groß' Freud (Liedermarsch)

♪ Der Hohenfriedberger

♪ Der Königgrätzer

♪ Der Pappenheimer

♪ Der Rheinströmer

♪ Der Torgauer Parademarsch

♪ Der Zauber der Montur

♪ Des Großen Kurfürsten Reitermarsch

♪ Die Regimentskinder

♪ Die Schwarzen Jäger

♪ Egerländer Liedermarsch

♪ Ein Jäger aus Kurpfalz (Liedermarsch)

♪ Einzug der Gladiatoren

♪ Fliegermarsch

♪ Florentiner Marsch

♪ Frei Weg!

♪ Fridericus-Rex-Grenadiermarsch

♪ Frohsinn-Marsch

♪ Galoppmarsch aus der Oper *Das Nachtlager von Granada*

♪ Galoppmarsch aus der Oper *Der Prophet*

♪ Galoppmarsch aus der Oper *Robert der Teufel*

♪ Galoppmarsch aus der Operette *Die schöne Galathee*

♪ Galoppmarsch aus der Operette *Leichte Kavallerie*

♪ Generalstabsmarsch

♪ Glück Auf!

♪ Graf-Zeppelin-Marsch

- ♪ Gruß an Kiel
- ♪ Helenenmarsch
- ♪ Hoch- und Deutschmeister-Marsch
- ♪ Jagdgeschwader-Richthofen-Marsch
- ♪ Jubelklänge
- ♪ Kärntner Liedermarsch
- ♪ König-Karl-Marsch
- ♪ König-Ludwig-II.-Marsch
- ♪ Kreuzritter-Fanfare
- ♪ Mars De Medici
- ♪ Marsch aus der Zeit Friedrich des Großen
- ♪ Marsch aus Petersburg (1837)
- ♪ Marsch der Finnländischen Reiterei
- ♪ Marsch der Freiwilligen Jäger
- ♪ Marsch der Hannoverschen Garde
- ♪ Marsch der Kursächsischen Leibgarde 1788
- ♪ Marsch des Hannoverschen Cambridge-Dragoner-Regiments
- ♪ Marsch des Kreisregiments Durlach-Baden
- ♪ Marsch des Leibgarde-Semenowski-Regiments
- ♪ Yorckscher Korps – Marsch für die böhmische Landwehr (Komponist: Ludwig van Beethoven)
- ♪ Marsch I. Bataillon Garde
- ♪ Parademarsch
- ♪ Preußens Gloria
- ♪ Radetzky-Marsch
- ♪ Schneidig vor

♫ Sehnsuchtsmelodie

♫ Standschützen-Marsch

♫ Stars And Stripes Forever

♫ The Crusader

♫ The Diplomat

♫ Trompetenherz

♫ Unter dem Doppeladler

♫ Von-der-Tann-Marsch

♫ Washington Post

MILITÄRISCHE ORDEN

Orden und andere Ehrenabzeichen sind sozusagen materialisierte militärische Symbole für Mut und Tapferkeit, die in allen Armeen der Welt zur Uniform gehören. So existiert eine ungeheure Vielzahl in zahlreichen Wertigkeitsstufen, die zu dokumentieren den Rahmen dieses Buches sprengen würde. Hier nur eine kleine Auswahl quer durch die Geschichte der Nationen.

🛡 Der **Orden Pour le Mérite** wurde auch vom deutschen Kaiser verliehen, war aber eigentlich eine königlich-preußische Auszeichnung – der deutsche Kaiser war zugleich König von Preußen. Der Pour le Mérite galt als höchster deutscher Orden. Er konnte nur an Offiziere verliehen werden und wurde bis zum Ende des Ersten Weltkrieges vergeben.

🛡 Der **Rote Adlerorden** wurde 1705 vom Erbprinzen Georg Wilhelm von Brandenburg-Bayreuth gestiftet. Bis 1830 wurde er in vier Klassen verliehen, in der niedrigsten Stufe konnte ihn jeder erhalten, der Verdienste gegenüber dem Staat Preußen erworben hatte.

- Das **Eiserne Kreuz** wurde von Friedrich Wilhelm III. im Jahre 1813 als Auszeichnung während der Napoleonischen Kriege gestiftet. Es war anfangs eine sehr prestigeträchtige Auszeichnung für Tapferkeit im Kampf, verlor aber durch die Verteilung in großer Stückzahl während des Ersten und Zweiten Weltkrieges an Reputation. Es wurde zunächst in drei, später in vier Klassen verliehen, im Zweiten Weltkrieg kam als fünfte Klasse das Ritterkreuz hinzu.

- Das **Victoria-Kreuz** (VC) – Königin Victoria stiftete diesen Orden 1856 während des Krimkrieges. Diese höchste militärische Auszeichnung des Vereinigten Königreichs wird nur relativ selten verliehen und stellt daher eine besonders hohe Belobigung für außergewöhnliche Tapferkeit vor dem Feind oder ausgezeichnete Pflichterfüllung dar. Der Orden wird nicht nur in England, sondern für herausragende Leistungen auch in einigen Ländern des Commonwealth verliehen.

- Das **Conspicuous Gallantry Cross** (CGC) wurde 1993 im Rahmen einer Reform des Ordenssystems eingeführt. Es gilt als die zweithöchste Auszeichnung für Tapferkeit für die Streitkräfte des Vereinigten Königreichs.

- Der **Légion d'Honneur** wurde 1802 von Napoleon eingeführt und gilt bis heute als die höchste französische Auszeichnung. Der Orden, der in fünf Stufen verliehen wird, ging meist an Offiziere, kann aber auch an zivile Personen vergeben werden.

- Das **Croix de Guerre** der französischen Armee wurde in vier Klassen an einfache Soldaten und Offiziere verliehen. Voraussetzung für das Kriegskreuz war die lobende Erwähnung einer Person in einem Armeebericht. Ein ebenso genannter Orden wurde 1915 auch in Belgien eingeführt.

- Die **Medal of Honor**, die Ehrenmedaille des Kongresses der Vereinigten Staaten von Amerika, wurde von Präsident Lincoln eingeführt und gilt als die höchste Auszeichnung, die ein amerikanischer Soldat für Tapferkeit und militärischen Leistungen erhalten kann. Seit 1965 wird die Medal of Honor für alle drei Waffengattungen verliehen.

- Das **Distinguished Service Cross**, 1918 vom amerikanischen Kongress eingeführt, steht auf Rang 2 hinter der Medal of Honor. Es wird unabhängig vom militärischen Rang an Personen für besondere Tapferkeit verliehen, und zwar ausschließlich vom US-Präsidenten.

- Die **Distinguished Service Medal** für hervorragende Verdienste existiert mittlerweile für alle drei Waffengattungen. Sie wird nur in begrenzter Zahl verliehen und besitzt deshalb ein hohes Ansehen.

Zu den bedeutenden militärischen Verdienstorden in der Geschichte zählten auch:

- Der **Orden des heiligen Ludwig**, gestiftet 1693 von Ludwig XIV., König von Frankreich

- Der **Maria-Theresien-Orden**, gestiftet 1757 von Kaiserin Maria Theresia von Österreich

- ⚜ Der **Militär-Carls-Orden**, gestiftet 1759 von Carl Eugen, Herzog von Württemberg
- ⚜ Der **St.-Georgs-Orden**, gestiftet 1769 von Katharina II., Zarin von Russland
- ⚜ Der **Wilhelms-Orden**, gestiftet 1851 von Friedrich Wilhelm I., Kurfürst von Hessen-Kassel

SIND SOLDATEN MÖRDER?

Es ist nicht ganz einfach, Aussagen über die Verbrechen zu treffen, die Militärs begangen haben. Mussten sie Befehle befolgen? War es vielleicht nur Pflichterfüllung? Hat jemand getötet, obwohl er wusste, dass es falsch war? Wie sehen die beiden Parteien die furchtbaren Ereignisse? Machen Begründungen wie Vergeltung und Selbstverteidigung eine Tötungsaktion des Militärs legitimer?

Die Zahl der militärischen Entgleisungen ist riesengroß, und sie hier aufzulisten, entspräche nur einer fehlgeleiteten Sammelwut. Deshalb hier nur einige Beispiele fraglos unmenschlicher Schandtaten, die aber leider auch für zahllose ähnliche Ereignisse stehen.

- ♠ Der **Völkermord an den Herero und Nama (1904–1908)** durch die Kolonialtruppen unter Generalleutnant Lothar von Trotha in der Kolonie Deutsch-Südwestafrika
- ♠ Das **Massaker von Srebrenica (1995)** – 8000 gefangene muslimische Männer und Jungen wurden während des Ju-

goslawienkrieges durch bosnische Serben niedergemetzelt. Die Opfer befanden sich in der UN-Schutzzone Srebrenica und standen eigentlich unter dem Schutz niederländischer Blauhelm-Soldaten, die jedoch untätig blieben und sich mitschuldig machten. Der Serbenführer Radovan Karadzic und der serbische General Ratko Mladic wurden für den Völkermord zu lebenslanger Haft verurteilt.

- Beim **Völkermord in Ruanda (April 1994 bis Juli 1994)** kamen etwa 800 000 bis 1 000 000 Menschen ums Leben. Angehörige der Hutu-Mehrheit ermordeten etwa 75 Prozent der in Ruanda lebenden Tutsi-Minderheit sowie andere Menschen, die sich ihren Mordtaten entgegenstellen wollten. Als Täter wurden Angehörige der ruandischen Armee, der Präsidentengarde, der Nationalpolizei (Gendarmerie) und der Verwaltung sowie Milizen der Impuzamugambi identifiziert.

- Der **Völkermord an den Armeniern (1915 und 1916)** kostete nach Schätzungen zwischen 300 000 und mehr als 1,5 Millionen Menschen das Leben. Sie kamen bei Massakern und Todesmärschen um, die unter der Verantwortung der Regierung des Osmanischen Reichs stattfanden.

- Das **Massaker von Wounded Knee (29. Dezember 1890)** – Angehörige des 7. US-Kavallerie-Regiments töteten in South Dakota 300 wehrlose Angehörige mehrerer Sioux-Stämme. Der Massenmord brach den Widerstand der indigenen Bevölkerung, wirkt bis heute nach und ist unvergessen.

- Das **Massaker von Katyn (3. April bis 11. Mai 1940)** – Angehörige des sowjetischen Volkskommissariats für Innere

Angelegenheiten (NKWD) erschossen etwa 4400 gefangene Polen, zum großen Teil Offiziere, in einem Wald bei Katyn. Die Morde von Katyn sind nur ein Beispiel für zahlreiche militärische Bluttaten des Zweiten Weltkrieges.

- **Das Massaker von Oradour (10. Juni 1944)** – Angehörige der Waffen-SS ermordeten nahezu alle Einwohner des französischen Dorfes Oradour-sur-Glane. 642 Menschen starben, etwa zwei Drittel waren Frauen und Kinder, die teils lebendig in einer Kirche verbrannt wurden. Nur 36 Menschen überlebten – eines von vielen Kriegsverbrechen der SS.

- **Das Massaker von Mỹ Lai** in Vietnam am 16. März 1968 war ein Kriegsverbrechen US-amerikanischer Soldaten während des Vietnamkrieges. 504 wehrlose Zivilisten wurden getötet. Die US-Armee versuchte zunächst, das Verbrechen zu vertuschen; dem investigativen Journalisten Seymour Hersh gelang es erst nach etwa einem Jahr, die Medien für das Verbrechen zu interessieren. Für seinen Bericht erhielt er den Pulitzerpreis, seine Arbeit änderte die Einschätzung des Krieges in der öffentlichen Meinung.

ZU DEN WAFFEN!

Von der Handfeuerwaffe bis zur alles vernichtenden Wasserstoffbombe: Sie sind das Werkzeug von Soldaten und können eine große Faszination ausüben oder auch mit Abscheu wahrgenommen werden. Wo Uniformen und Waffen im Spiel sind, ist häufig auch der schwarze Humor nicht weit – auch eine Art, sich mit den ethischen und moralischen Krisenpunkten eines Waffeneinsatzes auseinanderzusetzen.

WAFFEN IN DER SOLDATENSPRACHE

Die Waffe soll ja die Braut des Soldaten sein – tatsächlich ist sie aber noch so viel mehr. Das belegen die vielen Spott- und Scherznamen, die Soldaten ihren Waffen geben, wobei in einige Bezeichnungen auch eine gute Portion schwarzer Humor eingeflossen ist.

Nahezu jede Art von Waffe – zum Beispiel das Gewehr der Truppe oder der Schlagstock der Feldjäger – eignet sich als **Argumentationshilfe** oder **Meinungsverstärker** und wird von den Soldaten auch so genannt. Der Schlagstock wird verniedlichend als **Beruhigungsstäbchen, Migränestäbchen** oder **Beruhigungsstick** bezeichnet. Keine Waffe im engeren Sinne ist der **Arschtorpedo** – das Zäpfchen, das dem U-Boot-Fahrer gegen Seekrankheit verabreicht wird. Wirkstoff: Meclozin.

Die Bezeichnung für die Schusswaffen verraten dem Kenner vieles. Mit dem **Barbie-Gewehr** zum Beispiel – gemeint ist das neue Sturmgewehr G36 mit seiner benutzerfreundlichen Zieleinrichtung – können auch Blondinen schießen und sogar treffen, meint der eine oder andere Soldat der Bundeswehr. Wegen seines geringen Gewichts und seiner Bauweise (fast ausschließlich aus Plastikteilen) heißt es auch **Legogewehr** oder **Plastepengpeng.** Andere Soldaten vermuten als Herstellerfirma **Fisher-Price.**

Das alte Modell, das Sturmgewehr G3, trägt Spitznamen wie **Zimmerflak, Blechstreifen, Donnerstock, Krachlatte** oder **Bumsknochen.**

Ein anderes Kaliber hat der **Büchsenöffner** – so nennt die Infanterie die Panzerfaust. Der Name **Eisenschmeißer** ist fast selbsterklärend – was tut so ein Granatwerfer schon anderes? Das **Ofenrohr** (so nennen Panzergrenadiere ihre »leichte Steilfeuerwaffe«, den Mörser) soll im Feld von einem einzigen Mann getragen werden, es wiegt aber gut 60 Kilo. Waffen der Artillerie werden geschützt durch den **Pariser** – einen Mündungsschoner. Noch eine Nummer größer ist der **Rüsseltraktor** – ein Panzer mit einem drehbaren Geschützturm.

Etwas übertrieben skeptisch stehen die Soldaten der Pistole P1 gegenüber. Wegen ihrer geringen Zielgenauigkeit wird der Umgang mit ihr wie folgt beschrieben: **acht Warnschüsse, ein tödlicher Treffer.** Die Pistole, eine Weiterentwicklung der Wehrmachtswaffe Walther P 38, hat im Magazin Platz für acht Patronen – hierbei handelt es sich um die acht Warnschüsse, denn treffen kann man damit angeblich nicht. Der tödliche Treffer? Der Soldat wirft die Waffe nach dem Feind … Oder könnten die **Fahrkarten** (Fehlschüsse) eventuell auch mit einem schlechten Schützen zusammenhängen? Über die P8, die Standardpistole der Bundeswehr, erzählt man sich Ähnliches, nur sind es bei dieser Waffe

15 Warnschüsse. In der Nationalen Volksarmee der DDR klopfte man ähnliche Sprüche über russische Pistolen des Typs Makarow.

Geht dem Soldaten mal die Munition aus, wirft er vielleicht noch ein **Rumpelei** – eine Handgranate.

Beim Umgang mit Waffen ist die Kenntnis der Fachsprache von Vorteil. Mit **Locher** ist stets eine Schusswaffe gemeint – Pistolen, Gewehre –, alles, was Löcher macht. Schusswaffen müssen frei von **Nato-Gold** (Rost) sein. **Flintenkosmetik** ist angesagt.

Wer **Fleischsalat** (die Bezeichnung für den Feuermodus F – Feuerstoß) im Kühlschrank sucht, kennt sich auf dem Schießplatz offensichtlich nicht aus. In Gebäude, Unterstände, Bunker und die Fahrzeuge des Feindes will der Soldat mal kurz **reinleuchten.** Lichtquelle sind dabei ein Maschinengewehr oder die Bordkanonen eines gepanzerten Fahrzeugs.

Waffen in der Soldatensprache der NVA

- **Kaschi** – Kalaschnikow, automatisches Sturmgewehr AK-47
- **Mumpel** – Patrone, auch Granatpatrone, i. w. S. patronierte Munition
- **Mumpelspritze** – MPi Kalaschnikow
- **Mus-Spritze** – Bezeichnung für die Dienstpistole Typ Makarow, wegen ihrer geringen Reichweite bzw. der stark abfallenden Flugbahn der Geschosse
- **Steakmesser** – Ehrendolch von Offizieren, wurde zur Paradeuniform getragen
- **Tretmine** – Unvergrabener Sch...haufen

Waffen in der Soldatensprache der Wehrmacht

- **Dünnschisskanone** – Maschinengewehr
- **Fleißiges Lieschen** – Spezialwaffe für Fernbeschuss, auch Tausendfüßler genannt
- **Gartenspritze** – Leichtes MG oder MK (Maschinenkanone)
- **Heeresanklopfgerät** – 3,7-Zentimeter-PAK (wegen der geringen Durchschlagswirkung)
- **Heimatschuss** – Verwundung leichter Natur, aber schwer genug, um »Heimaturlaub« zur Genesung zu erhalten
- **Hitlersäge** – Maschinengewehr MG 42
- **Kartoffelstampfer** – Stielhandgranate
- **Kirschkern** – Flugkörper V1
- **Knackmandel** – Eierhandgranate oder auch Spreng- und Haftladungen
- **Molotow-Gitarre** – Maschinenpistole, russisch
- **Mörser zu Fuß** – Eine mittels Konservendose, Ekrasit und Nägeln o. Ä. aufgerüstete Stielhandgranate; sie wurde nur in Ausnahmefällen toleriert.
- **Panzeranklopfgerät** – 3,7-Zentimeter-PAK, da die Geschosse von schweren Panzern abprallten (siehe auch Heeresanklopfgerät)
- **Rommelspargel** – Strandhindernisse in Form von vermintem Balkenwerk oder getarnten, vergrabenen Sprengladungen
- **Russensäge** – Maschinengewehr MG 42
- **Schnatterpuste** – Maschinengewehr

- **Stalinorgel** – Raketenwerfer Katjuscha, sowjetisch
- **Suppenwürfel** – Seemine
- **Taschenflak** – Pistole
- **Tommy, zahmer** – Blindgänger (auch Deutsch-Amerikaner)

ATOMWAFFEN WELTWEIT (2020)

Die atomare Bedrohung bleibt auf einem hohen Niveau – Abrüstung kann man die derzeitigen Vorgänge in den Armeen der Welt nicht nennen. Das Wort *Overkill* kann noch immer nicht aus dem Wortschatz der Menschheit gestrichen werden.

Staat	einsetzbare Sprengköpfe	Reserve	Maximum
China		320	320
Frankreich	280	10	290
Großbritannien	120	95	215
Indien		150	150
Israel		90	90
Nordkorea		etwa 30–40	etwa 30–40
Pakistan		160	160
Russland	1570	4805	6375
USA	1750	4050	5800
insgesamt	3720	9680	13 400

Quelle: SIPRI Yearbook 2020

RAKETEN

Sie gehören zu den schnellsten luftgestützten Waffen und können – sowohl im Nahbereich als auch über Kontinente und Ozeane hinweg – große Mengen unterschiedlicher Explosivstoffe transportieren und am Zielort verheerende Zerstörungen anrichten. Schäden unvorstellbaren Ausmaßes sind die Folge, wenn sie Atomsprengköpfe transportieren.

Land	Rakete	Vmax	Reichweite
Nazi-Deutschland (1942)	V2	5500 km/h	300 km
USA (ab 1957)	Atlas	5800 km/h	15 000 km
USA (1986–2005)	Peacekeeper	24 000 km/h	9600 km
USA (1959)	Minuteman	29 000 km/h	13 000 km
Russland (2007)	RS-24 (SS-27)	6500 km/h	12 000 km
Russland (1976)	RSD-10 SS-20	19 800 km/h	5500 km
Russland (2018)	Awandgard	25 000 km/h	4000 km
Iran (2017)	Chorramschahr	???	2000 km
China (2018)	Langer Marsch 8	???	???

DIE SCHNELLSTEN MODERNEN KAMPFFLUGZEUGE

Im modernen Luftkampf treten Hightech-Systeme gegeneinander an – von Computern gesteuerte und von Radarsystemen gelenkte Superwaffen in einem Geschwindigkeitsbereich, der sich normalen menschlichen Vorstellungen entzieht. Diese Maschinen sind technische Wunder – allerdings tödliche.

Speed	Typ	Art	Reich-weite	Land
3529 km/h	Lockheed SR-71	Tarnkappen-Aufklärer	4830 km	USA
3494 km/h	Mikojan MiG-31	Abfangjäger	3300 km	UdSSR/Russland
3465 km/h	Mikojan Je-155M (MiG-25)	Abfangjäger	2510 km	UdSSR/Russland
3277 km/h	North American XB-70 Valkyrie	Bomber	6900 km	USA
3030 km/h	Mikojan Je-152/Je-166	Abfangjäger	2300 km	UdSSR/Russland
2665 km/h	Boeing F-15 Eagle	Luftüberlegenheitsjäger	2540 km	USA
2655 km/h	General Dynamics F-111F	Jagdbomber	5848 km	USA
2585 km/h	McDonnell XF4H-1 Phantom	Luftüberlegenheitsjäger	2560 km	USA
2576 km/h	Vought XF8U-3 Crusader III	Abfangjäger	1049 km	USA
2496 km/h	Suchoi Su-27	Luftüberlegenheitsjäger	3530 km	UdSSR/Russland

TRANSPORTFLUGZEUGE

Im eigentlichen Sinne keine Waffe, aber dennoch von großer Bedeutung für jeden militärischen Einsatz sind leistungsfähige Lufttransporter. Trotz hohem Eigengewicht befördern sie gewaltige Lasten durch die Luft an ihren Einsatzort und entscheiden dadurch mit über den militärischen Erfolg.

- **Airbus Beluga XL (A330-743L)** – Deutschland, Frankreich, Spanien, Großbritannien; wird nur zivil eingesetzt; Indienststellung war erst am 9. Januar 2020; Frachtraumvolumen: 2209 Kubikmeter. Der Beluga XL hält den Weltrekord für das größte Frachtvolumen. Er wurde für die Produktion des A350 entwickelt, da er ein komplettes Flügelpaar im Laderaum aufnehmen kann. Geplant sind sechs Exemplare.

- **Antonow An-225** – Sowjetunion; Indienststellung 1989; Frachtraumvolumen: 1220 Kubikmeter; auch mit weniger Frachtvolumen als der Airbus ist die Antonow das größte und schwerste Flugzeug der Welt und ein Einzelstück. Die Antonow hält den Weltrekord für die schwerste transportierte Luftfracht mit einer Ölpipeline-Ausrüstung mit einem Gewicht von 247 Tonnen sowie für das schwerste jemals transportierte Einzelstück, einen 190 Tonnen schweren Generator für ein Gaskraftwerk. In den Frachtraum des Flugzeugs passen 80 Autos gleichzeitig, der Innenraum ist mit Lkw und Gabelstaplern befahrbar.

DIE REICHWEITE MODERNER WAFFEN

✗ **Interkontinentalraketen** – Sie sind das wichtigste Trägermittel für Kernwaffen; gemeint ist eine Rakete, die eine Reichweite von 5500 Kilometern überschreitet; sie erreicht nach dem Start den erdnahen Weltraum und legt den Weg zu ihrem Ziel von da an überwiegend antriebslos zurück. Der erste Start einer Interkontinentalrakete gelang 1957 der Sowjetunion.

✗ **Mittelstreckenraketen** – Auch diese etwas kleiner dimensionierten Raketen mit einer Reichweite von 800 bis 5500 Kilometern sollen überwiegend als Träger für Kernwaffen genutzt werden.

✗ **Kurzstreckenraketen** – Als solche bezeichnet man Raketen, deren Reichweite weniger als 800 Kilometer und mehr als 150 Kilometer beträgt; sie dienen unterschiedlichen Einsatzzwecken bei Heer, Marine und Luftwaffe, unter anderem in der Abwehr gegnerischer Flottenverbände oder von Raketenangriffen.

✗ **Schiffsgeschütz (Schiffsartillerie)** – Die Geschütze moderner Kriegsschiffe haben meist ein Kaliber von 15,5 Zentimetern und können mit unterschiedlicher Munition geladen werden. Ihre Projektile erreichen Ziele in bis zu 25 Kilometer Entfernung. Moderne Konstruktionen verschießen GPS-gelenkte Munition bis zu 70 Kilometer weit.

✗ **120-Millimeter-Glattrohrkanone** – Das Geschütz des Schützenpanzers Leopard 2 kann ungelenkte und gelenkte Projektile mit einer Reichweite von bis zu 5 Kilometern verschießen.

✗ **Scharfschützengewehr** – Spezialausführungen für so genannte Sniper (Scharfschützen, Heckenschützen) können auf eine Distanz von 2500 Metern treffen, durchschnittlich liegt die zuverlässige Distanz bei 1000 Metern.

✗ **Gewehr G 36 (NATO)** – Das bereits an anderer Stelle genannte »Lego-Gewehr« enthält viele Teile aus Plastik; die effektive Schussweite beträgt etwa 800 Meter. Die Waffe wurde kritisch gesehen, weil ihre Zielgenauigkeit bei Dauerfeuer nachlässt.

✗ **AK 47 (Automat Kalaschnikow)** – Eine der weltweit verbreitetsten Waffen in den Händen von Militärs, Aufständischen und Terroristen, gebaut in verschiedenen Versionen. Die »Hauptkampfweite« beträgt 150 bis 200 Meter; mit der Waffe lassen sich bis zu 600 Schuss pro Minute abfeuern.

✗ **Maschinenpistole UZI** – Die Maschinenpistole der Gangsterfilme soll bis zu 100 Meter treffsicher sein und kann – je nach Modell – zwischen 550 und 1700 Schuss pro Minute verschießen. Das allerdings nur theoretisch, ihre normalen Magazine umfassen 20 bis 40 Projektile.

✗ **Pistole Walther P1** – Die ehemalige Standardversion der Bundeswehr, der Bereitschaftspolizei der Länder und des Bundesgrenzschutzes hat eine effektive Reichweite von 25 Metern, ein geübter Schütze erreicht 50 Meter. Mit der Entfernung nimmt nicht nur die Zielgenauigkeit ab, auch die Durchschlagskraft des Projektils wird zu gering, um noch einen wirkungsvollen Treffer zu erzielen. Eine Zielperson kann sich durch kugelsichere Kleidung schützen.

↗ **Armbrust (Sportgerät)** – Der effektive Zielbereich eines Sportschützen liegt bei etwa 80 Metern; der Pfeil einer Armbrust kann aber bis zu 500 Meter weit fliegen, dann aber ohne nennenswerte Durchschlagskraft.

DROHNEN

Autonome Fluggeräte, Drohnen genannt, verändern die moderne Kriegsführung in drastischer Weise. Die Folgen des vielfältigen Einsatzes von Drohnen sind bisher noch nicht abzusehen. Hier eine Auflistung von wichtigen Vor- und Nachteilen von Drohnen – wobei nicht immer sicher ist, ob eine der hier genannten Eigenschaften tatsächlich von Vorteil oder eher nachteilig ist.

☞ Drohnen sind vergleichsweise billig, aber wirkungsvoll. Eine einzige bewaffnete militärische Drohne kann ein Hightech-Kriegsschiff oder wichtige militärische Anlagen vernichten.

☞ Militärische Drohnen können Ziele angreifen, auf die ein Anflug für ein bemanntes Luftfahrzeug viel zu gefährlich wäre. Sogar die Hauptstadt einer feindlichen Nation ist erreichbar. Kein Pilot muss um sein Leben fürchten.

☞ Militärische Drohnen können Bomben abwerfen, Raketen verschießen oder werden selbst zu Explosivgeschossen.

☞ Militärische Drohnen besitzen eine große Reichweite und können Radarschirme in Bodennähe unterfliegen.

☞ Viele militärische Drohnen brauchen keine Abschussrampe.

☞ Terroristen können mit umgebauten zivilen Drohnen wichtige Wirtschaftsunternehmen zerstören, zum Beispiel eine Raffinerie. Dazu können überall im Handel erhältliche Fluggeräte um- oder aufgerüstet werden und in großer Stückzahl zum Einsatz kommen, Drohnen sind die Fernwaffe des kleinen Mannes.

☞ Dementsprechend rüsten sich Extremisten weltweit mit Drohnen aus, zum Beispiel die Kämpfer des »Islamischen Staates« (IS).

☞ Militärische Drohnen anonymisieren das Töten. Der Soldat am Steuerstand ist oft Tausende Kilometer von seinen Zielobjekten und -personen entfernt und handelt wie in einem Computerspiel.

☞ Der Flug einer Drohne kann durch Störsignale abgelenkt werden. Wenn die Funkverbindung zwischen dem Fluggerät und dem Befehlsgeber unterbrochen wird, verliert die Drohne ihre Steuerung. Drohnen können mit Laserwaffen abgeschossen oder mit Netzen abgefangen werden.

☞ Ein geschickter Hacker kann sich – zumindest rein theoretisch – einer militärischen Drohne bemächtigen und sie zu seinen Zwecken einsetzen.

☞ Mittlerweile gibt es 1200 verschiedene Drohnenmodelle weltweit.

☞ Die »Black Hornet Nano«, eines der kleinsten Modelle, wurde in Norwegen entwickelt und wird von der britischen Armee in Afghanistan eingesetzt.

- ☞ »Global Hawk«, eine »High Altitude Long Endurance«-Drohne, ist Vorläufer der »Euro-Hawk«. Dieses Fluggerät kann eine Höhe von bis zu 25 Kilometern erreichen.

- ☞ Die US-Kampfdrohne MQ-1 »Predator« kann bis zu 40 Stunden in der Luft bleiben und ist mit Raketenwerfern ausgestattet.

- ☞ Die MQ-9 »Reaper« ist ein erheblich größeres Nachfolgemodell der MQ-1 »Predator« und wird zur Luftunterstützung von Bodentruppen eingesetzt.

- ☞ Die »Nano Hummingbird«, ein sehr kleines Modell, erinnert an einen Kolibri und hat ähnliche Flugeigenschaften wie der Vogel. Sie benötigt nur eine kleine Batterie und ist mit einer Videokamera ausgestattet.

- ☞ Der »Fancopter« (wie auch die Drohne »Aladin«) wird von der deutschen Bundespolizei und der Bundeswehr eingesetzt. Er ist für Videoaufnahmen im städtischen Raum konzipiert.

- ☞ Das Modell »Talarion« zählt zu den »Medium Altitude Long Endurance«-Drohnen, kurz MALE genannt. Es kann bis zu 20 Stunden in bis zu 15 Kilometer Höhe fliegen und bis zu 7000 Kilogramm transportieren.

DIE WAFFEN DER ZUKUNFT?

Der Terminator kämpft nicht mehr allein, die Realität hat die Science-Fiction eingeholt, autonome Kampfmaschinen sind Wirklichkeit in einem Cyberkrieg,

den sich vor wenigen Jahren noch niemand vorstellen konnte und zu dessen Potenzial des Grauens buchstäblich minütlich neuer Schrecken hinzukommt. Organisationen wie Human Rights Watch kämpfen auf verlorenem Posten gegen autonome Waffensysteme. Autoritäre Staaten und gewinnorientierte Konzerne entwickeln sie trotz weltweiter Proteste weiter. Eine von Maschinen beherrschte Welt wie im Kinohit *Matrix* ist in den letzten Jahren um einiges wahrscheinlicher geworden.

Die folgenden bereits existierenden Neuentwicklungen sind nur insofern noch Waffen der Zukunft, als ihr Einsatz in einem größeren kriegerischen Konflikt noch nicht stattgefunden hat.

✗ **Iris** – Ein in Israel entwickeltes, sehr kleines Roboterfahrzeug, das zur Erkundung, Aufklärung und Nachrichtenübermittlung verwendet werden soll; es lässt sich von jedem Android-Smartphone aus steuern und kann bis zu zwei Stunden im Einsatz bleiben.

✗ **Laska 2.0** – Die unbemannte, bewaffnete Roboterplattform, ein UGV *(unmanned ground vehicle)*, kommt in der Aufklärung, bei der Minenräumung, zur Munitionslieferung und für medizinische Transporte zum Einsatz. Sie kann aber auch zur Feuerunterstützung in den Kampf eingreifen. Das Gerät erreicht Ziele in einer Entfernung bis zu 1000 Metern. Die Fernsteuerung über eine spezielle Konsole, einen Computer oder auch ein Smartphone kann 2 Kilometer überbrücken. Das System lässt sich auch mit einem anderen autonomen System koppeln und wird dann von diesem gesteuert.

✗ **BOV M16 Miloš** – Das unbemannte Bodenfahrzeug wurde in Serbien entwickelt und soll zur Terrorismusbekämpfung eingesetzt werden. Der Roboter feuert mit einem Maschinengewehr und einem Granatwerfer. Seine Fernsteuerung kann eine Entfernung von 2 Kilometern überbrücken.

✗ **Ripsaw M5** – Der einem herkömmlichen Panzer sehr ähnliche Kampfroboter ist mit Waffen mittleren Kalibers und einem Raketenwerfer ausgerüstet.

✗ **Scorpion RS2** – Die fahrbare Waffenplattform verfügt über eine Wärmebildkamera und eine zweite Videokamera, um die Zielgenauigkeit der Bewaffnung zu erhöhen. Bewaffnet mit einem Maschinengewehr, kann das Gerät bis zu 24 Stunden autonom im Einsatz sein.

✗ **SGR-A1** – Dieser erste autonome Kampfroboter dient als vollautomatischer Soldat. Hergestellt von der Samsung-Tochterfirma Samsung Techwin, soll das Gerät zwischen unbelebter Natur und Menschen unterscheiden können; es warnt seine menschlichen Mitstreiter bei Annäherung von feindlichen Kräften mithilfe eines Sprachinterfaces. Reagieren erfasste Personen nicht oder nicht in der gewünschten Weise, erweisen sie sich somit als Feinde, antwortet der Roboter mit einem Maschinengewehr, das 700 bis 1000 Schuss pro Minute abfeuern kann. Er soll bereits an der Grenze zu Nordkorea eingesetzt werden.

✗ **THeMis (Tracked Hybrid Modular Infantry System)** – Das aus Estland stammende Bodenfahrzeug verfügt über einen

pro Sekunde präzise aus dem Weltall steuerbar sind, können am Boden große Schäden verursachen und über Sieg und Niederlage entscheiden.

- Zur Verteidigung werden **digital gesteuerte Kraftfelder** gegen feindliche Explosionen entwickelt, Radar absolvierende und Licht schluckende Anstriche verbessern die Tarnung von Militärfahrzeugen.

- **Smart Dust** – Intelligente Nanopartikel mit Schwarmintelligenz, ausgestattet mit vielfältigen Sensoren, werden von Drohnen über dem Schlachtfeld der Zukunft abgeworfen. Sie können das Feindesland beobachten und erkunden, einen etwaigen Giftgaseinsatz melden oder die feindliche Kommunikation stören. Sie agieren im Verborgenen, auf den ersten Blick sehen sie aus wie gewöhnlicher Staub. Zum Smart Dust lassen sich auch Nano-Roboter rechnen, die in den Körper des Feindes eindringen und dort Schäden verursachen können.

- **Intelligente Mikro-Drohnen**, die über Schwarmintelligenz verfügen, können sich autonom auf unterschiedliche Situationen einstellen und sind so programmiert, dass sie zu einem bestimmten Zeitpunkt oder in einer besonderen Situation aktiv werden. Autonom fliegende Mutterschiffe transportieren die kleinen Fluggeräte zum Einsatzort und steuern sie unabhängig von menschlichen Soldaten.

- Zu den Biowaffen zählen echte, aber ferngesteuerte Insekten mit eingepflanzten **Mikrochip**s, für die sich zahlreiche Einsatzmöglichkeiten finden lassen.

- Zum nicht tödlichen Arsenal zählen **Mikrowellenwaffen,** die durch Hitze Schmerzen erzeugen, aber keine nachhaltigen Schäden verursachen. Zu dieser Kategorie zählen auch Ultraschallwaffen, einsetzbar gegen Aufständische und feindliche Kampfgruppen.

Der persönlichen Optimierung und Verteidigung des einzelnen Soldaten dienen **Cyber-Prothesen** und **Exoskelette**, welche die Muskelkraft und damit die Kampfstärke erhöhen, und **Mini-Panzer**, die Soldaten automatisch begleiten.

ERWEITERTES WÖRTERBUCH DER SOLDATENSPRACHE

Hier finden sich die sprachlichen Ausprägungen des militärischen Denkens, die bisher noch an keinem anderen Ort in diesem Buch einen Platz gefunden haben. Nein, die Sprache der gewöhnlichen Soldaten, anzutreffen in jeder Kaserne und bei jedem Manöver, ist kein Fachchinesisch, keine Expertensprache. Man bekommt sie überall dort zu hören, wo man den Alltag von Soldaten teilt. Mancher Satz ist überlegt und liebevoll ausformuliert, andere Sprachbildungen sind Frustventile voller schwarzem Humor oder spontane Explosionen eines von militärischen Zwängen geplagten Gehirns.

# SOLDATENSPRACHE: DAS ESSEN

Ist im zivilen Leben Kantinenessen oft nur schwer verdaulich, so steigert sich der Ungenießbarkeits-Quotient im militärischen Bereich oft bis in astronomische Höhen. Da werden den Soldaten Dinge vorgesetzt, die man wirklich nur mit sehr viel Humor als Verpflegung bezeichnen kann. Und wenn man schon einmal dabei ist, dann erhalten die wohlschmeckenden Lebensmittel auch gleich ihre ganz spezielle Bezeichnung.

Die Speisekarte allgemein

Ein Hinweis vorweg: Manche seit Jahren gebräuchliche Benennung für Lebensmittel hat heute einen rassistischen Beigeschmack, wie etwa der **Apatschenpimmel,** gequält lustig für die

Currywurst. Die schlimmsten, meist mit N-Wörtern, haben wir weggelassen.

Das Abendessen des Soldaten besteht oft aus **BMW** (Brot mit Wurst) oder **BWK** (Brot, Wurst, Käse), wobei die Abkürzung BWK eigentlich für Bundeswehrkrankenhaus steht. Zum Glück ist ja ein **Fettstein** (ein Stück Butter) dabei. Hin und wieder wird auch **Panzerkitt** (feine Teewurst) verzehrt. Nicht mehr zum Einsatz kommen heutzutage **Kupplungsscheiben** (rundes Vollkornbrot in Dosen). Des Weiteren stehen häufig auf der Speisekarte der **Gummiadler** (ein halbes Hähnchen) und eine andere Zubereitungsform desselben Vogels, das **Sprenghuhn** (Hühnerfrikassee nach Art der Bundeswehrkantine). Als Sättigungsbeilage dient oft **NATO-Kitt** (Kartoffelpüree), auch als **NATO-Kleister** oder **NATO-Pampe** bezeichnet.

Ähnlich beliebt ist das **Hackfleischrisiko** (eigentlich Hackfleisch-Risotto aus der Feldverpflegung, aber irgendein Risiko muss es dabei wohl geben), **Indianerfleisch** (Corned Beef in Dosen) oder die **eingeweckte Kinderleiche** (Mortadella in Dosen). Zartfühlend kann man die Soldatensprache wirklich nicht nennen. Im Felde und für den kleinen Hunger zwischendurch verwendet der Bundeswehrangehörige die **Panzerplatte** (Hartkeks) aus den Einmannpackungen.

Um all diese Unsäglichkeiten runterzuspülen, nutzt der Soldat zwar nicht gern, aber notgedrungen die folgenden Getränke: Zum Frühstück in der Kantine gibt es die **Klospülung,** ein vom Küchenbullen morgens aufgegossenes braunschwarzes Getränk, das er selbst »Kaffee« nennt. Aber was soll man machen?

Für **Zeckenpisse** (Bier) ist es noch zu früh und der **BASF-Sirup** (Saft aus Konzentrat) sieht nicht nur künstlich aus, sondern schmeckt auch so. Schlimmer noch: Der Saft aus Trockenpulver ist in den **EPa** (Einmannpackungen mit Proviant) enthalten. In allen Getränken, die in der Kantine ausgegeben werden, vermutet der Soldat übrigens **Hängolin** oder **Schlappofix,** einen lusthemmenden Wirkstoff, der über die Getränke hinaus allen Speisen, ja sogar den Kaugummis beigemischt wird, um die Lust der kasernierten Soldaten zu hemmen und so »kalte Bauern« auf der Bettwäsche zu verhindern. Die Marine behauptet übrigens von sich, über **Ständerol Forte** zu verfügen, das Gegenmittel zu Hängolin …

Der Abend endet oft mit dem **DAB** (Dienst-Abschluss-Bier), in mehreren Einheiten im kameradschaftlichen Beisammensein konsumiert. Die Veranstaltung nach Dienstschluss wird auch als **Formaldienstsaufen** bezeichnet.

Hat der Soldat von der Bundeswehrkost die Nase voll, sucht er das **Taktische »M«** auf – die am nächsten gelegene McDonald's-Filiale.

Die Speisekarte der Marine

Jede Waffengattung hat ihre Besonderheiten, vor allem auch, was die Verköstigung betrifft. Manche Dinge gehen eben nur bei der Marine. Das **Ankerbier** zum Beispiel wird nach dem erfolgreichen Ankern ausgegeben. Regel: pro Nase zwei Bier. Auch eine

Form der Sonderverköstigung: **Drachenfutter** – die beliebten »Macintosh«-Bonbons aus der Bordkantine. Spezielle Gerichte auf See sind die **Bullenpisse,** ein beklagenswert dünner, fleischarmer Eintopf nach Rezeptur des Küchenbullen, der stets am Donnerstag serviert wird, und der **Seemannssonntag** – Kaffee mit Kuchen am Donnerstagnachmittag, wohl als kleine Entschädigung für das Mittagsangebot. Nur auf See gibt es den **toten Obermaat,** eine spezielle Salamiwurst. Der **Mittelwächter,** ein mitternächtlicher Imbiss auf See, stärkt die Wachhabenden, die **Wachblase,** ein mitternächtliches Bier, belohnt die abgelöste Wache. Auf dem U-Boot serviert das **Tellertaxi** – das jüngste Mannschaftsmitglied muss die anderen beim Essen bedienen.

Kein Privileg der Marine mehr: Die sogenannte **Monatsflasche** – eine 1-Liter-Flasche Schnaps zoll- und steuerfrei einmal im Monat – gehört leider der Geschichte an, ebenso wie der **Panzerkreuzer,** die Monatsflasche mit 70 Prozent starkem Wodka.

Die Speisekarte der Luftwaffe

Kulinarisch allzu viel zu bieten hat die Luftwaffe offenbar nicht – mal abgesehen vom **Bohnenwind,** der Bezeichnung für Darmwinde, die bei ungenügender Entlüftung im Cockpit eines Flugzeugs entstehen. Für übermüdete Menschen allerdings ist die **Luftwaffen-Morgenmischung** – extrem starker Kaffee für die Frühschicht der Wartungsstaffeln – eine echte Verbesserung. Gerüchten zufolge soll die stark koffeinhaltige Kaffeesorte »**Wake

The Fuck Up« im Jagdgeschwader Richthofen entstanden sein, als ein übermüdeter Shopper drei verschiedene Kaffeesorten im Halbschlaf mischte.

 # SOLDATENSPRACHE: DIE AUSRÜSTUNG

Der Soldat hat ein besonderes Verhältnis zu seiner Ausrüstung – da verwundert es nicht, wenn er sie in seiner liebevollen Art auch sprachlich anders benennt, was der Durchschnittsmensch nicht unbedingt wissen muss.

So geht er nicht ohne seinen **Ackerschnacker,** das kabelgebundene Telefon, ins Feld, wo auch der **Affe** (ein kleiner Rucksack) immer dabei ist. Wenn mehr Gepäck transportiert wird, kommt der **Große Arsch** zum Einsatz, das große Marschgepäck in Form eines Rucksacks. Den Kopf schützt die **Angstmütze** oder **knitterfreie Mütze** (der Gefechtshelm), auch **Hurratüte** genannt. Im Winter sorgt die **Bärenfotze,** kurz BäFo, eine schöne, mit Pelz gefütterte Wintermütze, für warme Ohren. Den **Dienstanzug** trägt der Soldat auf Ämterebene. Im Einsatz weiß sich der Bundeswehrkämpfer im grünen gefleckten **Brokkolianzug** gut getarnt. Im Winter greift er gern zur **Filzlaus,** warmer Winterbekleidung aus filzartigem Stoff, einer Pferdedecke nicht unähnlich.

Bei ABC-Alarm schützt die **Fotze,** eine ABC-Schutzmaske, die diesen Namen trägt, weil ihr Innenleben deutliche Assoziationen weckt. Dazu trägt der Soldat das **Ganzkörperkondom,** den gummiartigen ABC-Schutzanzug »Zodiak«. Ist die Luft frei von

Kampfstoffen, wurde früher vielleicht der bequemere **Schweine-nerz** gewählt (der alte, heute ausgemusterte, olivgrüne bzw. blaue Parka).

Um eine Stellung zu befestigen, wird der **Handbagger** (Klapp-spaten) eingesetzt. Er wird auch liebevoll **NATO-Bagger** genannt. Um nicht ein weiteres Mal an ein Verteidigungsbündnis erinnert zu werden, nennt der Soldat seinen NATO-Schlafsack **Ratztüte**. Für Geräte, zum Beispiel zum Reinigen der Waffen, und überhaupt für alle technischen Hilfsmittel haben Soldaten eine Art Sammelbegriff: **Moped**. »Gib mir mal das Reinigungs-moped!« – Gib mir mal das Waffenreinigungsgerät! Ob es der Soldat mit einem höheren Dienstgrad zu tun hat, erkennt er am **Lametta** (die Rangabzeichen und Orden an Uniformen).

SOLDATENSPRACHE: ÖRTLICHKEITEN

Was der Zivilist Landschaft nennt, was auf seinen Karten mit ganz gewöhnlichen Orts- und Städtenamen verzeichnet ist, geht in das Denken und vor allem Sprechen des Militärs mit blumen-reicher Überhöhung ein – oder in banaler Plattheit.

Örtlichkeiten konkret

Manche Orte gewinnen neben ihrer gültigen geografischen Be-zeichnung in der Sprache der Soldaten ein neues Eigenleben, das oft von humoristischen oder satirischen Gedankengängen geprägt ist. Sehr oft spielt auch hochgradige Ironie mit. Hier einige Beispiele:

- 🌐 **Berg der Schmerzen, auch Mount Pain** – Berg nach der Einfahrt durch das Südtor in der Saaleck-Kaserne in Hammelburg (natürlich zu Fuß)

- 🌐 **Blackborn City** – Scherzhafte Bezeichnung des für Wetterumstürze berüchtigten Truppenübungsplatzes Schwarzenborn, Nähe Kassel

- 🌐 **Dokitown** – Scherzhafte Bezeichnung des ehemaligen Standortes des Fallschirmjägerbataillons 373 Doberlug-Kirchhain (Brandenburg)

- 🌐 **Erndtesibirsk** – Bezeichnung für den Standort Erndtebrück

- 🌐 **Ferengi** – Edeka-Markt im Herzen der Universität der Bundeswehr in München; liebevolle Anlehnung an die raffgierigen Figuren aus *Star Trek*

- 🌐 **Fernmeldafing** – Ehemalige Fernmeldeschule und Fachschule für Elektrotechnik des Heeres in Feldafing/Bayern

- 🌐 **Gottes Zorn** – »Der Herr erschuf in seinem Zorn das Sennelager von Paderborn«

- 🌐 **Hassberg** – Beliebter Schulungsort der Luftwaffe, im Original ist es Faßberg bei Soltau

- 🌐 **Helingrad** – Abfällige Bezeichnung für den Standort Hessisch-Lichtenau, auch Hässlich-Lichtenau

- 🌐 **Holzindien** – Bezeichnung des Bundeswehrstandortes Holzminden durch dort dienende Wehrpflichtige

- 🌐 **Schlammholder** – Truppenübungsplatz Baumholder, bekannt für seinen häufig auftretenden, sämig-roten Schlamm

- 🌐 **Schmietnam, Schmittchens Wiese** – Scherzhafte Bezeichnung für den Truppenübungsplatz Schmittenhöhe bei Koblenz
- 🌐 **Stadtallingrad** – Stadtallendorf bei Marburg
- 🌐 **Stetten am kalten Arsch** – Albkaserne bei Stetten am kalten Markt auf der Schwäbischen Alb. Gerüchten zufolge ist dort im Sommer mal eine Ziege erfroren. Ironischerweise auch Stetten am karibischen Meer genannt. Ist in der Ortsmitte Stetten nachzulesen, dort steht eine Art Gedenktafel für dieses Geschehen

Örtlichkeiten allgemein

Hier geht es nicht um konkrete Orte, sondern um die Bezeichnungen für immer wieder auftretende räumliche und zeitliche Konstellationen im Universum der Soldaten. Oft sagen die neu gewählten Bezeichnungen mehr aus als eine allgemeine Beschreibung.

Unvergessliche Nächte verbringen Soldaten in der **Dackelgarage** – einem durch Verknüpfen zweier Militärzeltbahnen gefertigten »Zweimannzelt«, das sich durch einen außerordentlich geringen Schlafkomfort auszeichnet. Immerhin wird es von unten nicht feucht, denn die **Elefantenhaut,** eine dicke, graue Plastikplane, dient als Zeltboden der Dackelgarage. Für eine **Furzmulde,** ein Bundeswehr-Bett mit durchgelegenem Drahtrost, ist darin allerdings kein Platz. Reichlich Arbeit gibt es in der mit **WuG** gekennzeichneten Kammer für Waffen und Geräte, auch als **Wellblech und Gerümpel** oder **warm und gemütlich** bekannt. Wer sich den darin nötigen Arbeiten entzieht und zusätzlich noch allzu laut beschwert, landet vielleicht im **Café Viereck,** auch **Cafe Caro** (Café Carré) genannt, der Arrestzelle im Wachgebäude einer Kaserne. Trifft den Betroffenen dieses Schicksal allzu sehr, kann er in der **StoPf-Hütte,** der Dienstbaracke des Standortpfarrers, um geistigen Beistand bitten. Der zuständige Vorgesetzte im **GaZi** oder **Gammelzimmer** (Geschäftszimmer, eigentlich GeZi) wird sich darüber freuen.

SOLDATENSPRACHE: DIE KAMERADEN

Sie stehen füreinander ein, denn schließlich müssen sie ja gemeinsam durch dick und dünn. Dass die Art und Weise, in der sie miteinander umgehen, nicht immer den Gepflogenheiten der besseren Gesellschaft entspricht, belegen auch die Bezeichnungen, die sie füreinander gefunden haben.

- Ein Mitglied der Mannschaften, das sich in den ersten drei Dienstmonaten befindet, heißt **Aal.** Da man zu diesem Zeitpunkt noch keine Streifen auf den Schulterklappen hat, ist man aalglatt, also ein Aal. Ebenfalls dafür in Gebrauch ist die Bezeichnung **Glatter.** Schon ziemlich lange dabei ist hingegen der **Zwölfender,** eine **Zett-Sau** (Zeitsoldat), für zwölf Jahre verpflichtet oder bereits mit zwölf Jahren Dienst auf dem Buckel.

⚔ Zahllose liebevolle Bezeichnungen kennt die Soldaten-sprache für die Offiziere. Der **Adidas-Gefreite** ver-dankt diesen Namen den drei Schrägbalken auf seinen Schulterklappen und ist eigentlich Hauptgefreiter. Die Ab-kürzung GvD – Gefreiter vom Dienst – wird gern mal als **Gehilfe vom Deppen** interpretiert. Der **Obergott** (Abkür-zung: OG) trägt den Dienstgrad Obergefreiter, muss aber damit leben, dass sein OG auch als ohne Gehirn gedeutet wird. Der Leutnant heißt **Lolli**, der Oberleutnant trägt den Titel **Oberlolli**. Der **Kistengeneral** sorgt für den Nach-schub.

⚔ Schon der allzu nahe Kontakt vom Soldaten mit Offizieren hat seine Folgen. Die privilegierten Soldaten, die im Ge-schäftszimmer (GeZi) arbeiten und deshalb nicht an Gelän-deübungen teilnehmen müssen, können sich über liebevolle Bezeichnungen wie **GeZi-Schlampe, GeZi-Ranger, Gezi-Hure oder Schreib-Schlampe** freuen.

⚔ Die Fallschirmjäger erhalten von ihren Kameraden der an-deren Waffengattungen so freundschaftliche Bezeichnungen wie **Aufklatscher** oder **Adrenalinis**. Sie bedanken sich mit der Bezeichnung **Nichtspringer**.

⚔ Auch ziemlich weit oben, aber (zumeist) mit festem Bo-den unter den Füßen, befinden sich die Gebirgsjäger, in der Soldatensprache bekannt als **Mulitreiber, Almdudler oder Schluchtenscheißer.**

⚔ Ebenfalls mit dem Erdboden befassen sich die Heeressolda-ten, allerdings meist grabend, was ihnen die Titel **Erdferkel**

und Spatenpauli eingebracht hat. War Pauli nicht so ein kleiner Maulwurf im Kinderfernsehen?

⚔ Die Marine verfügt über besondere »Waffen«, für die sprachliche Ausdrücke gefunden werden mussten. Die **Achselkatze**, der penetrante Achselschweißgeruch von Besatzungsmitgliedern, oder der **Schrittfuchs** von ungewaschenen U-Boot-Fahrern, sind beide in der Wirkung nahe an biologisch-chemischen Kampfstoffen. Sie können jedoch nur im Nahkampf mit Erfolg eingesetzt werden, ebenso wie auch das **Glasmantelgeschoss, Kaliber 0,33/0,5** – die Bierflasche. Gegnerische Schiffe bekämpfen die Soldaten der Marine, die sogenannten **NATO-Fischer oder Makrelencowboys**, mit einem **Aal** – einem Torpedo. Oder sie bringen ihre gefürchteten **Kampfkarpfen** (Kampfschwimmer) zum Einsatz.

⚔ Eine besonders zynische Bezeichnung für den offiziellen Feind fanden die Soldaten der Nationalen Volksarmee (NVA): **BBKF** – bitterböser Klassenfeind. Gemeint waren dabei die Angehörigen einer NATO-Armee, an erster Stelle die Soldaten der Bundeswehr. Steigern ließ sich dieser Kampfbegriff noch durch die Abkürzung GdbKf – ganz doll böser Klassenfeind, der sich auch ein bisschen nach Kinderfernsehen anhört.

⚔ Soldaten der Luftwaffe werden von Mannschaften der anderen Waffengattungen als **Luftpumpe** oder **Luftgoofy** bezeichnet. Oder aber auch als **Schlipssoldaten**, denn selbst als Beifahrer (der Waffensystemoffizier, der im Kampfflugzeug Tornado hinter dem Piloten sitzt) machen sie sich nicht die

Finger schmutzig. Das überlassen sie zumeist den **Flügelput-zern**, dem Personal auf den Luftwaffenwerften. Auch wenn sie das Flugzeug noch zurückbringen – immer wieder müssen sie auch in den **Bach steigen** (Understatement-Bezeichnung für eine Notwasserung über dem Meer).

⚔ Die Pioniere, auch **Biber** genannt, sind immer zuerst am Schauplatz. Deshalb müssen sie – so die Aussage ihrer Kameraden mit anderem Aufgabenbereich – dumm, stark, wasserdicht, geländegängig und rostfrei sein. Auch die Abkürzung **BTW5** ist im Gespräch: blind, taub, wasserdicht, aufblasbar bis 5 ATÜ. Spezialisten sind die **Lupis** (Luftlandepioniere). Im Wald wütet die Pioniertruppe mit dem **Fichtenmoped**, einer Kraftsäge.

⚔ Exakt beschrieben wird der Militärpfarrer und Feldgeistliche durch die Bezeichnung Boden-Luft-Verbindungsoffizier. Er existiert in den Varianten **ESAK** (Evangelische-Sünden-Abwehr-Kanone) und **KASAK** (Katholische-Sünden-Abwehr-Kanone). Bei der Marine trägt er den schönen Titel **Höllenheizer**. Wohl weniger gläubige Soldaten bezeichnen ihn als **Himmelskomiker**. Auch eine Einordnung nach der Form des Kragens ist in Gebrauch: **Kravozu** (de r Kragen des evangelischen Pfarrers wird vorne geschlossen), **Krahizu** (der Kragen des katholischen Pfarrers wird hinten geschlossen).

⚔ Die Soldaten vom Fernmeldedienst werden als **Bongos** bezeichnet; sie verdanken diesen Namen wohl der Feldkabeltrommel, die sie auf dem Rücken tragen. Auch die Bezeichnung Kabelaffe ist in Gebrauch.

- Der Diensthundeführer wird als **Dackelschlepper** bezeichnet, gleichgültig, zu welcher Rasse sein Diensthund gehört. Die **Hundemarke** hat allerdings mit diesem Tier beim Militär nichts zu tun. Sie ist die Erkennungsmarke, die jeder Soldat besitzt.

- Nichts mit dem Diensthundeführer zu tun haben allerdings die **Kettenhunde**, die Soldaten der Feldjägertruppe. In der Wehrmacht trugen sie eine große, ovale Dienstmarke im Brustbereich, eine Art Ringkragen, an einer Metallkette befestigt und weithin sichtbar. Heute nennt man sie mit wenig Respekt **Schülerlotsen**.

- Soldaten im Sanitätsdienst fingen sich den Titel **Nillenflicker** ein. Auch als **Letzte Hilfe** oder **Sanitöter** werden sie bezeichnet. Vermutlich ist ihnen die Titulierung **Schlumpf** oder **Schlumpfine** – wegen ihres blauen Baretts – lieber. Ein vergiftetes Geschenk ist der Name **Sandra** für Krankenschwestern im Sanitätsbereich; er ist eine Abkürzung und steht für Sanitätsdrache.

- Zivilisten kommen bei der Betrachtung aus militärischer Perspektive nicht wirklich gut weg. Als **Pisspottschwenker** benannte man früher einen Zivildienstleistenden, der im Umfeld der Truppe tätig war. Noch weniger Respekt beweist die Benennung **Urinkellner**. Selbst zivile Mitarbeiter der Bundeswehr blieben nicht von einer Portion Spott verschont: **Zivilunke** bezieht sich auf die Bezeichnung Halunke – kein schöner Titel für Nichtsoldaten.

- Schlimm genug das alles. Sorgen wir dafür, dass es nicht

noch schlimmer wird, und bitten wir den **Zaun-
könig** (einen Wachsoldaten) oder einen **Kantenlat-
scher** (den Grenzsoldaten) um seinen Schutz.

AUS DEM SPRACHSCHATZ DER NVA

Die Soldaten der NVA gehörten nicht nur zu einem anderen
politischen System, das sie zu verteidigen hatten – wie überall
in einem abgeschlossenen Biotop entwickelten sich auch in der
Nationalen Volksarmee ganz und gar eigene sprachliche Gepflogenheiten.

- **Abdieseln** – Abreiben von Technik mit Diesel; ergibt einen anhaltenden, sanften Mattglanz; dieser Glanz war er-
wünscht, das Abdieseln hingegen war verboten, wegen Sprit-
verschwendung und Rutschgefahr.

- **Abschied von Sex und geilen Weibern** – Ein Quasi-Volkslied-
Text in verschiedenen Varianten, gesungen in gemeinschaftli-
chen Lagern, zur Abi-Fete, zur Einberufung ... nach der Melo-
die von »Bad Moon Rising«/CCR. Die gängige Version:

  Abschied von Sex und geilen Weibern
  Abschied von Hasch und LSD
  Abschied von allem, was wir lieben
  Abschied, wir müssen zur Armee

- **Anschnitt** – Ritual der Entlassungskandidaten, bei dem das
Maßband – 150 Tage vor der Entlassung – erstmals ange-
schnitten wurde

- **Arme und Beine bilden rotierende Scheiben!** – Bekräftigung der Forderung nach schnellerer Bewegung
- **Arsch hochreißen** – Sterben
- **Arsch geschlossen**, es hat sich der – Etwas ist (für immer) beendet
- **Asche** – Synonym für NVA, »bei der Asche sein« = in der NVA dienen, in Anspielung an die aschgraue Uniform
- **Düsengang haben** – Angst haben
- **Ei, sich ein drittes Ei wachsen lassen** – Gar nichts zu tun haben und das genießen. Auch vorwurfsvoll: »Wir haben Sackgang und du lässt dir hier ein drittes Ei wachsen!«
- **Eichel** – Zusatz zur Schützenschnur, gern mit Ironie bedacht: »Na, trägst du deine Eichel heute offen?«
- **Eier schaukeln**, sich die – Genießerisch für nichts zu tun haben
- **Feindmusik** – Musik vom Feindsender
- **Feindsender, Feindradio** – Radiosender aus dem NATO-Gebiet, Westsender
- **Feuer frei!** – Rauchen ist ab sofort erlaubt!
- **Fritz Heckert** – Urlauberschiff des Gewerkschaftsbunds FDGB, »Sie sind hier nicht auf der ›Fritz Heckert‹« bedeutete so viel wie: »Sie sind hier nicht in Bad Saarow!« – dort befand sich das Zentrale Lazarett der Nationalen Volksarmee.
- **Gas!** – Gern genutzter Befehl zur Disziplinierung Einzelner oder der ganzen Gruppe, vor allem bei Märschen im Gelände bzw. nach längeren Anstrengungen. Hierbei musste man sich sofort hinknien, Augen zu, Luft anhalten, den Stahlhelm ab-

nehmen und in kürzestmöglicher Zeit die Atemschutzmaske (oft falsch als Gasmaske bezeichnet, was in der Grundausbildung an der U-Schule sofort eine Bestrafung nach sich zog, i. d. R. den Befehl GAS!) überstreifen und in dieser Position verharren. Erst nach Entwarnung durch den Vorgesetzten konnte die Maske wieder abgenommen werden. Das Atmen unter der Maske ist wesentlich erschwert.

☐ **GGG** – Gesehen, gelacht, gestrichen. Die Reaktion der Vorgesetzten auf einen Urlaubsantrag

☐ **Glied** – Aufstellung in Linie, gängiger Spruch: »Und wenn der Himmel voller Fotzen hängt, da rührt sich nichts im Glied!«

☐ **Hoffmanns Trachtentruppe** – Andere Bezeichnung für die NVA, nach Armeegeneral Heinz Hoffmann, der viele Jahre Minister für Nationale Verteidigung war. Während seiner Amtszeit wurde die Uniform der Soldaten, vor allem der Berufssoldaten, mehrfach verändert.

☐ **Ich diene der Deutschen Demokratischen Republik!** – Auch ironisch verwendete vorschriftsmäßige Entgegnung bei der Entgegennahme von Auszeichnungen

☐ **Kanadischer Winter** – Bestrafungsaktion für neue Soldaten, Unteroffiziers- und Offiziersschüler. Dabei musste der Kompanieflur oder die Toilette mit Unmengen eines Scheuermittels (»P3« oder »IMI«) gereinigt werden, sodass nach dem Abtrocknen der Fliesen ein weißer Film blieb, der nur mit viel klarem Wasser und noch mehr Zeit wegging.

☐ **KoMoPraLa** – Morgendliche Erektion, kolossale Morgen-Prachtlatte

- **Kupferbolzen in der Hose haben** – Schiss haben
- **Matrosen am Mast** – Läuse
- **O. U.** – Ort der Unterkunft, vorgeschriebene allgemeine (verschleiernde) Ortsangabe im Briefwechsel, statt »Berlin, den ...« schrieb man »O. U., den ...«
- **Postenwetter** – Nachts klarer Sternenhimmel (dann wurde es eine kalte Nacht im Winter) oder Regen (im Sommer)
- **Reservisteninformations- und -ausbildungssender** – Umschreibung der bei der NVA unerlaubten Rundfunkanstalt RIAS
- **Riemen haben** – Lust auf etwas haben, abgeleitet von Riemen als Synonym für »männliches Geschlechtsteil«, z. B. Fahrriemen haben
- **Rotlichtbestrahlung** – Politunterricht
- **Sackgang** – Körperliche und/oder seelische Mühsal, »eigentlich war alles ein großer Sackgang«
- **Sackratten** – Läuse
- **Scheuerlappen** – Die Truppenfahne, auch Tischdecke genannt. Der Begriff stammt von einer Belobigungsform, dem »Bild vor der entfalteten Truppenfahne«, einem Foto in Uniform. Der Soldat hatte davon nichts, außer dem Bild. Urlaub wäre ihm lieber gewesen. Deshalb entstand der abwertende Begriff »Bild vor dem entfalteten Scheuerlappen«.
- **Sender für Bausoldaten oder auch Sender für Berufssoldaten** – Umschreibung des bei der NVA verbotenen Rundfunksenders SFB
- **Sputnik** – Strafaktion von Vorgesetzten bei Märschen von

Zugformationen im Gelände. Dabei musste der Bestrafte immer um die Marschformation rennen (wie ein Sputnik kreisen). In der Regel war man bei diesen Märschen voll aufgerüstet (Anlegen des Marschgepäcks und der Bewaffnung), sodass das eine recht unangenehme Aktion wurde.

📝 **Tagedrücken** – Heimweh, Langeweile, Übellaunigkeit (»Was ist denn mit dem heute los?« – »Ach lass ihn. Der hat Tagedrücken!«)

📝 **Technik, russische** – Auch Russentechnik, meist als Fluch gebraucht. Einfach war sie schon, aber bei Weitem nicht sooo zuverlässig wie angepriesen. Deshalb gab es diesen Spruch: »Hüte dich vor schönen Frauen ... und Technik, die die Russen bauen!«

📝 **Tiefenkontrolle** – Äußerst unbeliebte Maßnahme zum Auffinden verbotener Gegenstände (Alkohol, ungenehmigtes Radio, UFO, Tauchsieder, Munition ... – es war so viel verboten!), alarmmäßiges Wecken gegen 4:00 Uhr mit anschließender Inspizierung aller Spinde, Taschen, persönlichen Sachen

📝 **Torsten rufen** – Lautmalerisch für brechen

📝 **Ulf rufen** – Lautmalerisch für brechen

📝 **Weiße Taube** – Bezeichnung für den Regimentsknast, zumindest im MSR-27 (Motorisiertes Schützenregiment)

📝 **Zeit, gediente** – »Das ist alles gediente Zeit!«, tröstender Kommentar zu sinnlosen Tätigkeiten

 # Ausrüstung der NVA

- **Äppelklauer-Hosen** – Die zur Dienstuniform von Berufssoldaten getragenen Breeches, sehr weit am Oberschenkel (mit viel Platz für Äpfel)
- **Bäfo** – Winterdienstmütze der NVA (von »Bärenfotze« – großes Loch mit Fell drum herum)
- **Faktenradio** – Kleines, für Wachposten streng verbotenes Taschenradio
- **Gammakeule** – RWA 72, ein keulenartiges Gerät, das atomare Strahlungen anzeigte
- **Gurkenschalen** – Unteroffiziersschulterstücke (Grenztruppen, Postenführer-Schulterstücke mit einem ca. 1,5 Zentimeter breiten grünen Streifen, von Außenstehenden oft mit Uffz.-Schüler verwechselt)
- **Jumbo** – ABC-Schutzanzug
- **Knobelbecher** – Stiefel
- **Nougatrolle** – Einteiliger Schutzanzug (aufgrund der braunen Farbe)
- **Nuttentäschchen** – Kleines Mobilisierungsgepäck (der Offiziere, mit Toilettenartikeln)
- **Oma** – Schlauchartiger, olivfarbener Kopf- und Ohrenschützer, auch abwertende Abkürzung von »Offiziersmatratze« für jüngere weibliche Armeeangehörige
- **Pickel** – Sterne auf den Schulterklappen
- **Schnuppersack** – Schutzmaske, Gasmaske
- **Speckstreifen** – Kragenbinde, anknöpfbare weiße Einlage in

jedem Uniformkragen, die unter allen Umständen sauber gehalten werden musste

- **UB1**, »Universalbagger 1« – Klappspaten der NVA. Bezeichnung spielt auf Seilbagger Modellserie UB von NOBAS Nordhausen an. Der NOBAS UB80 war in den 60er- und 70er-Jahren der Standard-Seilbagger der DDR.
- **Winterbefehl** – Zeitlich festgelegte Bekleidungsvorschrift, enthielt z. B. das Tragen der Winterdienstmütze vom 1. Dezember bis 28. Februar (unabhängig von den tatsächlichen Temperaturen), analog Sommerbefehl
- **Zuckertüte** – Die extrem helle Ausgehuniform der NVA-Offiziere

Speisekarte der NVA

- **Atombrot** – Verpflegung (Brot in Dosen) als eiserne Reserve für den Ernstfall
- **Blauer Würger** – Schnaps der Marke »Kristall Wodka« mit blauem Etikett
- **E-Ration** – Eiserne Ration, Kekse in einer Blechschachtel, Teil des Sturmgepäcks
- **Goldi** – Schnaps der Marke »Goldbrand«
- **Granate** – In die Kaserne geschmuggelte Schnapsflasche
- **Gulaschkanone** – Feldküche
- **Gummiadler** – Broiler oder Grillhähnchen
- **Haftmine** – Schmelzkäse in der Dose

- **Klarsichtscheiben** – Sülzwurstaufschnitt
- **Komplekte** – Haltbare Nahrung als Ernstfallreserven, z. B. Konserven, Trockensuppen, Nudeln, Reis, Dosenbrot
- **Komplektetag** – Einmal monatlich gab es keine normale Verpflegung, sondern nur »Komplekte«, die »gewälzt« (alte durch neue Vorräte ersetzt) werden mussten.
- **Kristallwodka** – Wodka-Marke mit blauem Etikett, siehe »Blauer Würger«. Zu viel davon: Kristallnacht
- **Kumpeltod** – Bergmannsschnaps, Berührung damit gab es beim Wintereinsatz im Tagebau
- **Mampf, mampfen** – Essen, essen. »Ohne Mampf kein Kampf!« – schlechte Verpflegung, schlechte Moral
- **Panzerfett** – Schmalzfleisch in Dosen, gefühlter Fettgehalt 80 Prozent
- **Schanzzeug** – Essbesteck
- **Schmand** – Abfällig für miserables Essen. Schmand fassen, auch in Zusammensetzungen wie Schmandküche, Schmand-bulle (Koch)
- **Schwante fassen** – Essen holen
- **Suppen- und Schlürftag** – Montag, Verpflegung stets mit Suppe
- **Tote Oma** – Bezeichnung der bei der Truppenverpflegung so beliebten Grützwurst
- **Verräter** – Schraubverschluss einer Schnapsflasche

AUS DEM SPRACHSCHATZ DER WEHRMACHT

Dieser Teil der soldatischen Sprache ist geprägt von bitterer Erfahrung und stammt zu einem guten Teil von Soldaten, die dem Grauen ins Gesicht gesehen haben. Neben allem schwarzen Humor entstammten diese Wortprägungen häufig auch einer wachen Beobachtungsgabe gepaart mit einfallsreicher, oft selbstironischer Scherzhaftigkeit.

- **Anzug Polar** – Disziplinierungsmaßnahme, bei der das Anziehen sämtlicher Bekleidung der persönlichen Ausrüstung befohlen wurde. Gern in Verbindung mit sommerlicher Hitze
- **Apfelsinenorden** – Ausdruck für Orden, den man nicht als Auszeichnung empfand; insbesondere die deutsch-italienische Erinnerungsmedaille
- **Sich den Arsch auskugeln** – Im Krieg fallen, sterben
- **Am/beim Arsch kriegen** – Jemanden zur Rechenschaft ziehen
- **Den Arsch schonen** – Sich erbrechen, übergeben
- **Den Arsch verlöten** – Jemanden verprügeln
- **Den Arsch zukneifen** – Im Krieg fallen, sterben
- **Aufriss** – Streifschuss
- **In den Bach steigen** – Geglückte Notwasserung
- **In den Bach fallen** – Nicht geglückte Notwasserung, Absturz über See
- **In den Bach springen** – Fallschirmabsprung über See
- **Backofen** – Heiß umkämpfte Stellung

- **Bepflastern** – Belegung einer Stellung mit Bomben und Granaten
- **Bepflastern** – Einen Verwundeten verbinden
- **Batterie** – Latrine, wurde wegen des Nebeneinandersitzens der Benutzer so genannt
- **Berittene Gebirgsmarine zu Fuß** – Zusammengewürfelter Haufen, um eine militärische Einheit zu bilden
- **Betonorden** – Ehrenzeichen und Erinnerungsmedaille für Mitarbeit an der Errichtung des Westwalls
- **Bildungskanone** – Frontbibliothek im Sinne eines Fahrzeugs oder einer Feldbuchhandlung
- **Brustkrank** – Sucht nach Orden und Auszeichnungen
- **Dachschaden** – Kopfschuss oder Kopfverletzung
- **Dauerurlaubsschein** – Im Krieg fallen, sterben
- **Entfettungskur** – Kriegsgefangenschaft
- **Ersatz-Reserve-Ersatz** – Tautologie zur abwertenden Bezeichnung des Volkssturms
- **Feldküchensturmabzeichen** – Kriegsverdienstkreuz
- **Feuerpause** – Im ironischen Sinn allgemein für Zigarettenpause (eben nicht nur bei Gefechtsunterbrechung)
- **Frontbummel** – Spähtruppunternehmen
- **Fußlappenindianer** – Infanterist (als Anspielung auf Fußlappen)
- **Gähnappell** – Feldgottesdienst oder Instruktionsstunde
- **Hausfriedensbruch** – Eindringen in eine feindliche Stellung
- **Hausfriedensbruch mit Ansage** – Eindringen in eine feindliche Stellung mit Artillerie-Vorbereitung

- **HJ-Spätlese** – Volkssturm
- **Hühneralarm** – Verspäteter Alarm, nachdem der Feind bereits angegriffen hat (»Erst das Ei, dann das Gackern«)
- **Iwan, Iwanow** – Allgemein für russischen Soldaten
- **Karbolmäuschen** – Krankenschwester (aufgrund des Desinfektionsmittels Karbol)
- **Karussell** – Luftkampf (sich umkreisender Gegner)
- **Knochensammlung** – Absuchen des Schlachtfelds nach Toten und Verwundeten
- **Kriegsgerichtsautomat** – Kriegsgerichtsrat, der die Todesurteile verhängt
- **Krüppelgarde** – Volkssturm
- **K. v.** – Abk. für »kriegsverwendungsfähig«, hintersinnig übersetzt mit »keine Verbindungen«, »kann verrecken« oder »krepiert vielleicht«
- **K. v. H.** – Abk. für »kriegsverwendungsfähig Heimat«, hintersinnig übersetzt mit »kann vorzüglich humpeln« (also simulieren)
- **Latrinenparole** – Unhaltbares Gerücht oder Vermutung
- **Napoleon-Gedächtnisrennen** – Rückzug aus Russland
- **Reichsheini** – Inoffizieller Spitzname des Reichsführers SS, Heinrich Himmler
- **Rotkäppchen** – Französische Soldaten (wg. des roten Baretts)
- **Scheißhausjahrgang** – Geburtsjahrgang (19)00
- **Schlachtenlügner** – Kriegsberichterstatter, aber auch Maulheld und Angeber

- Versuchssoldat – Angehöriger des Volkssturms
- Wehrbeitrag – Ein im Heimaturlaub gezeugtes Kind

Ausrüstung der Wehrmacht

☞ **Affe** – Tornister

☞ **Blechhut** – Stahlhelm

☞ **Blechkrawatte** – Ritterkreuz

☞ **Eisbeinorden** – Militärische Auszeichnung für Teilnehmer des Russlandfeldzugs im Winter 1941/42 (auch Gefrierfleischorden)

☞ **Essbesteck** – Kriegsverdienstkreuz mit Schwertern

☞ **Furzfänger** – Paradejacke der deutschen Luftwaffe

☞ **Gebetsbuch** – Notizbuch des Hauptfeldwebels

☞ **Gesinnungsrückstrahler** – Deutsches Kreuz in Gold

☞ **Halseisen** – Ritterkreuz

☞ **Halsschmerzen** – Wunsch nach der Auszeichnung mit dem Ritterkreuz (dem Eisernen Kreuz)

☞ **Hoffnungsbalken** – Litzen auf den Schulterstücken der Offiziersanwärter

☞ **Hundemarke** – Erkennungsmarke, die mit Kette am Hals getragen wird

☞ **Hurratüte** – Stahlhelm

☞ **Kalter-Arsch-Orden** – Ostmedaille

☞ **Känguru** – NS-Hoheitsadler an der Uniform

☞ **Kantinenorden** – Kriegsverdienstkreuz

☞ **Kniekehlenheinrich** – Feldspaten (war am Lastenträger befestigt, wobei der Holzgriff beim Gehen oder Laufen ständig an die Kniekehlen schlug)

☞ **Knobelbecher** – Stiefel der Infanterie (im Gegensatz zu Reitstiefeln deutlich kürzer)

☞ **Kriegsverlängerungskreuz** – Kriegsverdienstkreuz

☞ **Krüppelorden** – Verwundetenspange

☞ **Sandsturm-Orden** – Erinnerungsmedaille des deutschen Afrikakorps

☞ **Schweineschnauze** – Gasmaske

☞ **Spiegelei** – Deutsches Kreuz in Gold (siehe auch Gesinnungsrückstrahler)

Speisekarte der Wehrmacht

🍴 **Achsenfett** – Ungenießbarer italienischer Brotaufstrich

🍴 **Alter Mann** – Beim Afrikakorps die Bezeichung der italienischen Fleischkonserven, die den Aufdruck AM (»Amministrazione militare«) trugen und auch »asinus mussolini« (Mussolini-Esel) oder »asinus morte« (toter Esel) genannt wurden

🍴 **Kalter Arsch mit Schneegestöber** – Schlechtes Essen

🍴 **Churchill-Pimmel** – Blutwurst

🍴 **Eiserne Kuh** – Büchsenmilch

🍴 **Energietropfen** – Vor dem Angriff ausgegebener Alkohol

🍴 **Fliegerbier** – Limonade

🍴 **Karo einfach** – (Trockenes) Brot ohne Auflage (Brotschnitte mit Karo-Form)

- **Panzerschokolade** – Unter dem Markennamen Pervitin hergestelltes Methamphetamin zur Dämpfung des Angstgefühls und zur Steigerung der Leistungsfähigkeit
- **Stalinhäcksel** – Machorka (klein gehackter, mit Blattrippen und Holz durchsetzter russischer Tabak)
- **Stalintorte** – Trockenes Brot (vgl. »Karo einfach«)
- **Tote Tante** – Lose Rotwurst
- **Zielwasser** – Schnaps

IST DAS DIE ZUKUNFT?

Das Militär probt für die Apokalypse: Was passiert, wenn Zombies die Welt angreifen? Für die Vereinigten Staaten von Amerika hat das US-Militär bereits 2017 Vorsorgemaßnahmen ergriffen: Das Verhalten der Truppen bei der Zombie-Apokalypse ist in einer Art Zombie-Abwehrplan festgehalten. Er trägt den Titel »CNOPO 8888«, umfasst 31 Seiten und benennt sogar die Arten von Untoten, die vorkommen könnten:

- **Strahlungszombies**, die von elektromagnetischen Wellen infiziert werden
- **Weltraumzombies**, die durch außerirdische Giftstoffe verseucht sind
- **Waffenzombies**, die hergestellt wurden, um als Waffe zu dienen

Außerdem wird in einem 5-Stufen-Plan erläutert, wie die Ordnung nach einer Zombie-Apokalypse wiederherzustellen ist, aber vor allem auch, wie Untote auszuschalten sind, nämlich mit Kopfschüssen. Nur Treffer ins Gehirn können sie auslöschen. Anschließend müssen ihre Überreste verbrannt werden. Keine schönen Perspektiven ...